Vilcinskas

Einheimische Süßwasserfische

Andreas Vilcinskas

Einheimische Süßwasserfische

Alle Arten: Lebensweise, Merkmale, Verbreitung

Naturbuch Verlag

Der Autor: Andreas Vilcinskas, Jahrgang 1964, lebt in Berlin; als Diplombiologe Privatdozent an der Freien Universität Berlin; 1990–92 Leiter des Projekts „Landesweite Erfassung der Fischbestände in Berlin", Verfasser der Roten Liste für Berlin.

Umschlagfotos: Die Titelseite zeigt eine typische Forellenregion, eine Bachforelle und einen Hecht beim Beutefang.

Die Deutsche Bibliothek – CIP-Einheitsaufnahme

Vilcinskas, Andreas:
Einheimische Süsswasserfische : Alle Arten: Merkmale, Verbreitung, Lebensweise / Andreas Vilcinskas. [Zeichn.: Manuela Hutschenreiter]. – Augsburg : Naturbuch-Verl., 1993
ISBN 3-89440-051-X
  NE: HST

Naturbuch Verlag
© 1993 Weltbild Verlag GmbH, Augsburg
Alle Rechte vorbehalten
Umschlaggestaltung: Peter Engel, Grünwald
Umschlagfotos: Andreas Vilcinskas
Zeichnungen: Manuela Hutschenreiter, München
Satz: 8½/9½ leichte Frutiger von Uhl+Massopust, Aalen
Gesamtherstellung: Parzeller, Fulda
Printed in Germany

ISBN 3-89440-051-X

Vorwort

Allzu schnell wird über der Zerstörung der Korallenriffe und Regenwälder vergessen, daß auch viele Lebensräume heimischer Tiere bedroht sind. Dies betrifft die Fauna unserer Seen und Flüsse ganz besonders. Einige europäische Fischarten sind heute bereits so selten, daß selbst mancher Fachmann sie noch niemals lebend gesehen hat.

Es ist deshalb ein besonderer Verdienst des Autors und des Verlages alle heimischen Süßwasserfischarten nicht nur ausführlich im Text, sondern auch im Bild, zum Teil durch ausgezeichnete Photos, vorzustellen. Mit der Kenntnis der Tiere wächst der Wunsch sie zu schützen – und dieser Schutz tut dringend not.

Andreas Vilcinskas, der schon lange Bestandslisten und Rote Listen für die Fischfauna Berlins aufstellt und als Aquarianer auch viele heimische Fischarten pflegt, weiß sehr genau um diese Problematik und kann die dabei auftretenden Fragen kompetent beantworten.

Das vorliegende Buch wendet sich zwar in erster Linie an Angler und Aquarianer, die durch ihr Hobby bereits Zugang zur Unterwasserfauna gefunden haben, aber es ist zu hoffen, daß es aufgrund seiner sachgerechten Darstellung auch breitere Kreise von Interessierten anspricht.

Berlin, im Sommer 1992

Dr. Jürgen Lange, Stellvertr. Direktor am Zoo Berlin
und wiss. Leiter des Zoo-Aquariums

Inhalt

Die mitteleuropäischen Süßwasserfische

Fische (Pisces) sind primär im Wasser lebende Wirbeltiere (Vertebrata), die sich mit Flossen fortbewegen und auch im ausgewachsenen Stadium über Kiemen atmen. Die Arten, die das Süßwasser der Binnengewässer besiedeln, werden unter dem Begriff Süßwasserfische zusammengefaßt. Wahrscheinlich haben sich Fische ursprünglich im Süßwasser entwickelt und von dort aus in verschiedenen, voneinander unabhängigen Schüben das Meer erobert. Die ältesten Fossilien fischähnlicher Lebewesen fand man in Sedimenten, die vor etwa 400 Millionen Jahren (im Silur) im Süßwasser abgelagert wurden. Diese sogenannten Panzerfische hatten noch keine Kiefer. Sie ernährten sich von Plankton, das sie aus dem Atemwasser filterten. Bereits im oberen Devon (vor 350 Millionen Jahren) starben fast alle Vertreter dieser ursprünglichen Wirbeltiere aus. Nur zwei kleine Gruppen der Kieferlosen (Agnatha), die Inger (Myxiniformes) und die Neunaugen (Petromyzoniformes), haben bis heute überlebt. Mehrere Neunaugenarten verbringen ihr ganzes Leben in Binnengewässern Mitteleuropas oder suchen als Laichgäste diese vorübergehend auf und leben dort im Jugendstadium. Obwohl sie nicht zu den echten Fischen gehören, werden sie in der Literatur und auch hier zusammen mit diesen beschrieben. Im Gegensatz zu ihren Vorfahren haben Neunaugen keinen Panzer. An Stelle eines Kiefers besitzen sie einen irisartig verschließbaren und mit Hornzähnen bewehrten Saugmund. Damit heften sie sich an Fische, um Gewebeteile abzuraspeln, von denen sie sich ernähren. Mehr als die Hälfte der beschriebenen Wirbeltierarten gehört zu den Fischen. Die Anzahl der bekannten Arten schwankt in der Literatur zwischen 20 000 und 30 000. Die tatsächliche Artenzahl dürfte etwa in der Mitte liegen.

Da der größte Teil der Erdoberfläche mit Meerwasser bedeckt ist (ca. 71 %), wäre anzunehmen, daß auch die meisten Fischarten im Meer leben. Erstaunlicherweise besiedelt aber ein Drittel der heute lebenden (rezenten) Fischarten die Binnengewässer, obwohl diese zusammengenommen nur 1,7 % der Erdoberfläche bedecken. Dieses Zahlenverhältnis deutet an, daß die in Binnengewässern mögliche Isolierung von Populationen und die Vielfalt dieser Lebensräume die Artbildungsprozesse bei Fischen begünstigt haben.

Besonders artenreich sind die Süßwasserfische in den Tropen. Allein in Afrika und Südamerika leben mehr als 2 500, in Europa dagegen nur etwa 200 Arten. Davon gehören ca. 70 Arten zur autochthonen (gr. chthonos: an Ort und Stelle entstanden, einheimisch) Fischfauna Mitteleuropas. Diese relative Artenarmut wurde wahrscheinlich durch das kühle Klima und die wechselvolle Geschichte Europas verursacht. Die heutige Verbreitung der Süßwasserfische in Europa wurde entscheidend durch die klimatischen Veränderungen im Rahmen der Eiszeiten und die Verschiebung der Kontinente geprägt. An wärmeres Klima angepaßte Arten starben während der kälteren Perioden aus. So belegen z.B. 70 Millionen Jahre alte Versteinerungen, daß früher auf unserem Kontinent auch Vertreter von Fischfamilien gelebt haben, die heute nur noch in Afrika vorkommen. Andere Familien wie z.B. Hechte (Esocidae) und Barsche (Percidae) gibt es heute in Europa und Nordamerika. Sie hatten sich bereits entwickelt, als beide Kontinente noch eine zusammenhängende Landmasse bildeten. Die heute in Europa vorkommenden Karpfenfische (Cyprinidae), Schmerlen (Cobitidae), Welse (Siluridae) und Äschen (Thymallidae) hatten sich ursprünglich in Asien entwickelt. Dieser Kontinent war bis vor ca. 30 Millionen Jahren (Oligozän) durch ein Meer, das sich etwa im Einzugsbereich des heutigen Flusses Ob befand, von Europa getrennt. Erst nach dessen Verdrängung konnten einige Vertreter dieser Fischfamilien Europa von Osten her besiedeln.

Vor etwa 3 Millionen Jahren ähnelte die Fischfauna in Europa bereits der heutigen. Doch ein großer Teil der Arten wich während der Eiszei-

ten in nicht vereiste Gewässer südlich der Alpen und des Kaukasus zurück. Nur wenige Fischarten überlebten in Mittel- und Nordeuropa in zeitweise eisfreien Gewässern. Über Schmelzwasserflüsse am Rande des Eises gelangten am Ende der letzten Eiszeit einige Forellenarten (Salmonidae) von Nordamerika nach Europa. In den nicht vereisten Zuflüssen und Seen im Einzugsgebiet des Mittelmeeres und des Schwarzen Meeres überdauerten dagegen wesentlich mehr Fischarten die Eiszeiten. Deshalb finden wir dort heute eine artenreichere Fischfauna als nördlich der Alpen. Von südlicheren Gebieten ausgehend begann die Wiederbesiedelung Mittel- und Nordeuropas erst vor ca. 10 000 Jahren. Über die Donau wanderten einige Fischarten aus dem Schwarzen Meer, das während der Eiszeit einen Süßwassersee bildete, über zeitweilig existierende Verbindungen in das Einzugsgebiet von Rhein und Rhone. Darüber hinaus besiedelten marine (im Meer lebende) Arten sekundär die Binnengewässer, z.B. Stinte (Osmeridae) und Stichlinge (Gasterosteidae). Bereits im Mittelalter begann der Mensch damit, nutzbare Fischarten in Europa auszusetzen und einzubürgern. Das wohl bekannteste Beispiel hierfür ist der Karpfen (*Cyprinus carpio* L.), der als Teichfisch mittlerweile weltweit verbreitet ist. Auch in jüngerer Zeit kam es zu massiven Faunenverfälschungen durch Besatzmaßnahmen mit nicht heimischen Fischarten, z.B.

Alter der Wirbeltierklassen

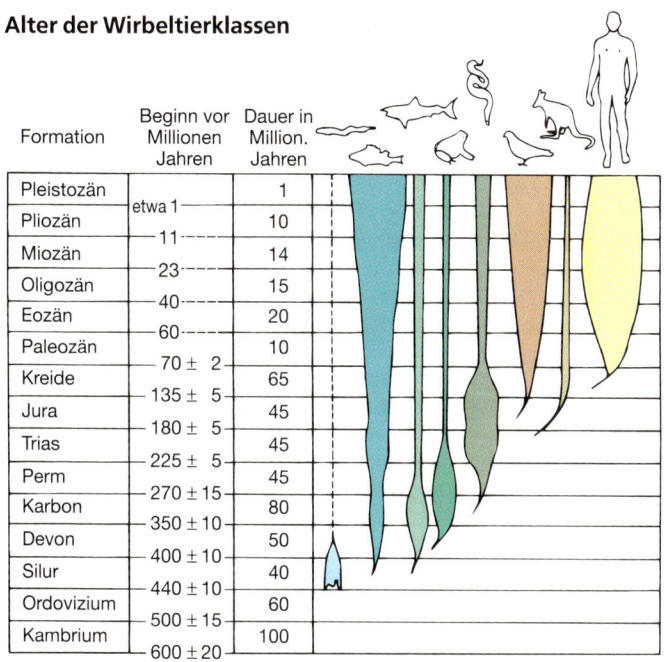

Formation	Beginn vor Millionen Jahren	Dauer in Million. Jahren
Pleistozän	etwa 1	1
Pliozän	11	10
Miozän	23	14
Oligozän	40	15
Eozän	60	20
Paleozän	70 ± 2	10
Kreide	135 ± 5	65
Jura	180 ± 5	45
Trias	225 ± 5	45
Perm	270 ± 15	45
Karbon	350 ± 10	80
Devon	400 ± 10	50
Silur	440 ± 10	40
Ordovizium	500 ± 15	60
Kambrium	600 ± 20	100

Vor 500 Mio. Jahren entwickelten sich die sog. Panzerfische, deren einzige rezente Vertreter die Rundmäuler sind. Die ersten Knochenfische tauchten vor ca. 450 Mio. Jahren auf.

mit den aus Asien stammenden Graskarpfen (*Ctenopharyngodon idella* VALENCIENNES), Silberkarpfen (*Hypophthalmichthys molitrix* VALENCIENNES) und Marmorkarpfen (*Aristichthys nobilis* RICHARDSON). Über 12 allochthone (gr. allos: anders, verschieden, he chthon: der Boden, die Erde, d. h. nicht einheimisch) Arten sind in Mitteleuropa verbreitet, darunter die aus Nordamerika stammenden Regenbogenforellen (*Oncorhyn-*chus mykiss* WALBAUM) und Sonnenbarsche (*Lepomis gibbosus* L.). Aufgrund der über Jahrhunderte erfolgten Besatzmaßnahmen ist es heute in vielen Fällen kaum möglich, das ursprüngliche Verbreitungsgebiet einer Art zu rekonstruieren bzw. genaue Aussagen über das unter natürlichen Bedingungen zu erwartende Fischartenspektrum in bestimmten Gewässern zu machen. So kommen z. B. Aale (*Anguilla anguilla* L.) in zahlreichen Gewässern vor, die sie ohne menschliches Zutun nicht besiedelt haben könnten. In der Natur gelangen Fische in erster Linie über Fließgewässer in neue Habitate. Auch zu- und abflußlose Seen könnten in der Vergangenheit (z.B. nach der Eiszeit) mit anderen Gewässern in Verbindung gestanden haben und von Fischen besiedelt worden sein. Solche über lange Zeiträume abgeschnittenen Populationen bilden oft endemische (nur in einem begrenzten Verbreitungsgebiet vorkommend) Rassen oder Unterarten, z.B. bei verschiedenen Maränenarten. Unter natürlichen Bedingungen tragen wahrscheinlich Wasservögel zur Verbreitung von Süßwasserfischen bei, in dem sie den Laich oder die Larven im Gefieder haftend in andere Gewässer transportieren. Neuere Untersuchungen haben gezeigt, daß sowohl die Eier als auch die Larven von Flußbarschen und Plötzen in der Lage sind, kurzzeitig Bedingungen zu überleben, die bei einem Transport durch die Luft auftreten (RIEHL 1991; SCHMIDT, MIGLIARINA und FELDHAUS 1991).

Bau und Funktion des Fischkörpers

Körperbau

Fische leben in einem Medium, das etwa 800 mal dichter ist als Luft. Folglich kostet die Fortbewegung im Wasser viel Energie. Das erfährt man, wenn man selbst schwimmt oder taucht. Der Fischkörper ist so gebaut, daß er im Wasser einen möglichst geringen Strömungswiderstand erzeugt. Zum einen gehen Kopf, Rumpf und Schwanz meistens stromlinienförmig ineinander über, zum anderen setzt eine Schleimschicht auf der Haut den Reibungswiderstand herab. In Anpassung an die jeweilige Lebensweise wurde die Körperform bei den einzelnen Fischarten vielfältig abgewandelt.

Ausdauernde Schwimmer, die schnell fließende Gewässer oder das freie Wasser bewohnen, sind in der Regel spindel- oder torpedoförmig (z.B. Forellen, Maränen, Stint und Strömer). Ein hochrückiger, seitlich abgeflachter Körper ist typisch für Fischarten, die in der Uferregion stehender oder langsam fließender Gewässer leben, wie z.B. Blei, Güster, Karausche oder Bitterling. Fische mit stark bodenorientierter Lebensweise sind dagegen häufig auf der Bauchseite abgeflacht, z.B. die Groppe (*Cottus gobio* L.). Eine besonders extreme Anpassung an das Bodenleben finden wir bei den Plattfischen zu denen z.B. die Flunder (*Platichthys flesus* L.) gehört. Diese liegen nicht bäuchlings auf dem Boden, sondern auf der linken oder rechten Körperseite. Der Körper der zunächst symmetrisch gebauten Jugendformen wird während des Wachstums zunehmend flacher. Die Augen wandern auf die dem Boden abgewandte Seite. Diese kann ihre Färbung an den jeweiligen Untergrund anpassen. Die auf diese Weise getarnten Tiere lauern am Boden auf ihre Beute und sind für Freßfeinde nur schwer zu erkennen. Andere bodenbewohnende Fische sind länglich und im Querschnitt rund oder oval. Sie wühlen sich schlängelnd durch den weichen Grund (z.B. Steinbeißer, *Cobitis taenia* L. und Schlammpeitzger, *Misgurnus fossilis* L.). Eine besondere Modifikation der Körperform finden wir bei Aalen (*Anguilla anguilla* L.) und Neunaugen (Petromyzonidae). Ihr schlangenförmiger Körper trägt am Hinterende einen Flossensaum. Sie bewegen sich gewandt und legen bei ihren Wanderungen z.T. große Strecken zurück. Neben den ausdauernden Schwimmern gibt es auch die Stoßjäger, die ihre Beute nicht verfolgen, sondern ihr meistens in einem Versteck auflauern, um sie dann mit einem schnellen

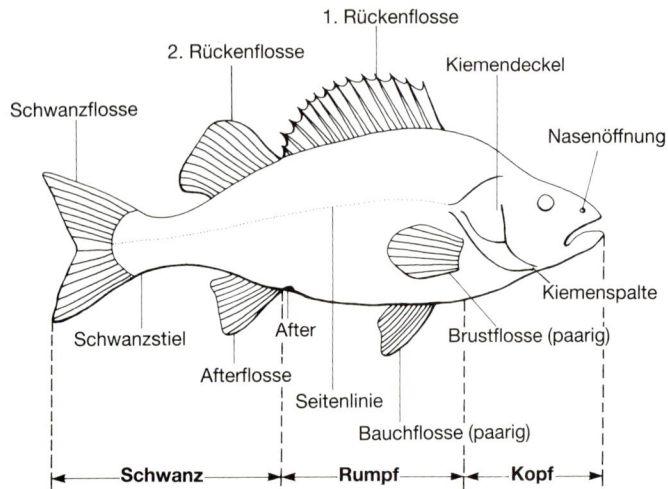

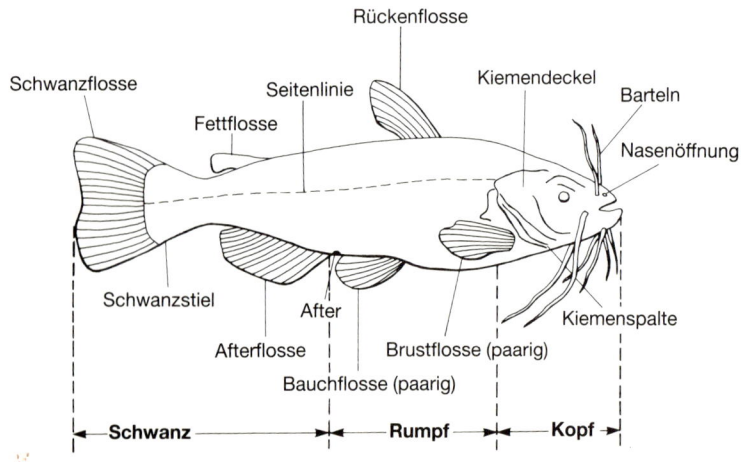

Die äußere Gestalt des Fischkörpers am Beispiel von Barsch und Wels.

Vorstoß zu fassen. Ein typischer Vertreter ist der Hecht (*Esox lucius* L.). Um aus dem Stand heraus schnell beschleunigen zu können, sind bei ihm die Rücken- und die Afterflosse weit nach hinten verlagert. Zusammen mit der Schwanzflosse erzeugen sie bei der Bewegung des Hinterleibes den Vortrieb.

Flossen

Die Flossen fungieren bei Fischen als Bewegungsorgane. Steuernd und stabilisierend manövrieren sie den Körper durch das Wasser. Die Form, die Lage und der Bau der Flossen sind an die jeweilige Lebensweise angepaßt und als Merkmale zur Identifizierung der Fischarten von großer Bedeutung. Man unterscheidet zunächst paarige Flossen (die Brust- und Bauchflossen) und unpaarige Flossen (Rücken-, After- und Schwanzflosse) sowie die nur bei einigen Fischfamilien vorhandene Fettflosse. Wie die paarigen Flossen ursprünglich entstanden sind, ist noch nicht hinreichend geklärt. Ihre Lage zueinander unterscheidet sich bei den jeweiligen Fischarten. Liegen die Bauchflossen hinter den Brustflossen bezeichnet man sie als bauchständig (bei den meisten Fischarten). Befinden sie sich unter den Brustflossen, nennt man sie brustständig (z.B. bei der Groppe). Setzen die Bauchflossen sogar vor den Brustflossen an wie z.B. bei der Quappe (*Lota lota* L.), beim Süßwasser-Schleimfisch (*Blennius flu-*

Auf der Rückseite bezahnter Rückenflossenstral des Karpfens (*Cyprinus carpio* L.).

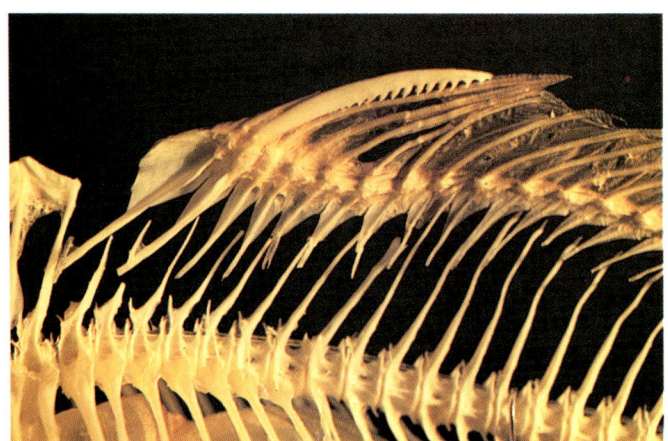

viatilis Asso) oder der Flunder (*Platichthys flesus* L.) stehen sie kehlständig. Bei einigen Arten sind die Brustflossen oder die Bauchflossen reduziert, z.B. beim Aal. Ursprünglichen Formen wie den Neunaugen fehlen die paarigen Flossen ganz. Die unpaarigen Flossen sind manchmal, wie z. B. beim Aal, zu einem Flossensaum verwachsen. Flossen haben bei vielen Fischarten auch andere Funktionen als die der Fortbewegung. Grundeln besitzen z.B. einen aus den Bauchflossen gebildeten Saugnapf, mit dem sie sich bei starker Strömung am Grund festsaugen können. Bei den heimischen Stichlingen (*Gasterosteus aculeatus* L. und *Pungitius pungitius* L.) sind die vorderen Strahlen der Rückenflosse zu Stacheln umgebildet, die auf Knochenplatten stehen und aufgerichtet als Verteidigungswaffen dienen. Darüber hinaus können die Flossen auch zu sekundären Ge-schlechtsmerkmalen umgebildet sein. Bei männlichen Äschen (*Thymallus thymallus* L.) ist z.B. die farbenprächtige Rückenflosse fahnenartig erweitert.

Flossen bestehen aus einer saumartigen Haut, die zwischen aufrichtbaren, knöchernen Strahlen aufgespannt ist. Man unterscheidet am Vorderrand gelegene, nicht gegliederte Hartstrahlen und gegliederte Weichstrahlen. Letztere können verzweigt oder unverzweigt sein. Die unverzweigten Weichstrahlen liegen im vorderen Bereich der Flossen und die verzweigten im hinteren. Einige Fischarten bilden auch Hartstrahlen aus, die am Hinterrand kammartig bezahnt sind (Barbe, *Barbus barbus* L.; Karausche, *Carassius carassius* L.). Ragen die Strahlen deutlich über die Flossenhaut hinaus, werden sie als Stachelstrahlen bezeichnet. Die Anzahl der Hart- und Weichstrahlen in den Flossen ist bei

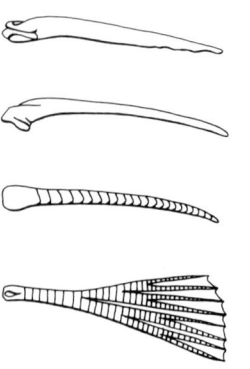

Stachelstrahl

Hartstrahl
ungegliedert, ungefiedert

Weichstrahl
gegliedert, ungefiedert

Weichstrahl
gegliedert, gefiedert

Die verschiedenen Typen von Flossenstrahlen.

den einzelnen Fischarten charakteristisch. Bei der Beschreibung einer Art wird in der Literatur deshalb oft die Flossenformel angegeben. Die betreffenden Flossen werden durch den Anfangsbuchstaben des wissenschaftlichen Namens abgekürzt: D→Dorsal- oder Rückenflosse, A→Anal- oder Afterflosse, P→Pectoral- oder Brustflosse, V→Ventral- oder Bauchflosse. Die jeweilige Anzahl der Hartstrahlen wird durch römische, die der Weichstrahlen durch arabische Ziffern angegeben. Besitzt eine Art zwei Rückenflossen, wird die vordere mit D1 und die hintere mit D2 beschrieben.

Einigen Fischfamilien (z.B. Forellen und Maränen) tragen zwischen der Rücken- und der Schwanzflosse noch eine sogenannte Fettflosse, die nicht durch Strahlen gestützt und von Muskeln bewegt wird.

Kopf

Der Kopf erfüllt bei Fischen viele Funktionen. Er trägt die Sinnesorgane, die dem Schmecken, Riechen und Sehen dienen. Mit den beweglichen Kiefern wird die Nahrung aufgenommen. Bewegungen des Kieferapparates, des Mundbodens und der Kiemendeckel spielen außerdem eine wichtige Rolle bei der Atmung. Sie erzeugen einen Wasserstrom, der die Kiemen umspült. Bei einigen Fischen fungiert der Kopf auch als Werkzeug beim Bau des Nestes oder der Laichgrube.

Der Kieferapparat setzt sich aus einer Vielzahl von Knochen zusammen. Da jeder einzelne Knochen im Laufe der Evolution umgestaltet werden konnte, begünstigte der komplexe Aufbau die Anpassung an verschiedene Ernährungsweisen und damit auch das Entstehen der heutigen Artenvielfalt. Aufgrund der zahlreichen Abwandlungen des Kiefers haben sich die Fische ein breites Nahrungsspektrum erschlossen. Sie können sich sowohl von kleinsten Planktonor-

Aufbau des Kopfes bei Fischen von der Seite und von vorne am Beispiel des Karpfens. Deutlich zu sehen das ausstülpbare Maul mit den zwei paar Barteln, die vor den Augen gelegenen Nasenöffnungen und der Kiemendeckel.

ganismen als auch von großen Beutetieren wie Fischen, Vögeln und Säugern ernähren. Die Nahrung wird aufgeschnappt, aufgesogen, aus dem Boden gewühlt, abgeweidet oder abgeraspelt. Die Weite der Mundspalte begrenzt dabei die Größe der Nahrung. Räuberische Arten, wie der Hecht (*Esox lucius* L.), der Zander (*Stizostedion lucioperca* L.) und der Rapfen (*Aspius aspius* L.) haben ein tief gespaltenes Maul, Planktonfresser dagegen in der Regel nur eine kleine Mundöffnung. Beim Blei (*Abramis brama* L.) und bei der Güster (*Blicca bjoerkna* L.) ist das Maul ausstülpbar. So können sie Insektenlarven, Würmer und Mollusken aus dem Gewässergrund saugen. Bei Fischen, die Aufwuchs vom Substrat abraspeln, finden wir verhornte, scharfe Lippen (z.B. bei der Nase, *Chondrostoma nasus* L.) oder kleine Zähnchen.

Auch die Lage der Mundspalte ist an unterschiedliche Ernährungsweisen angepaßt und wird als Merkmal bei der Bestimmung von Fischen herangezogen. Wenn beide Kiefer gleich lang sind, steht das Maul endständig (z.B. Döbel, *Leucaspius cephalus* L.; Plötze, *Rutilus rutilus* L; Forelle, *Salmo trutta* L.). Ist der Oberkiefer länger als der Unterkiefer, liegt die Mundspalte unterständig. Diese Lage der Mundöffnung ist häufig bei Fischen mit bodenorientierter Lebensweise anzutreffen (z.B. Barbe, *Barbus barbus* L.; Gründling, *Gobio gobio* L. und Zährte, *Vimba vimba* L.) Fische, die bevorzugt an der Wasseroberfläche nach Nahrung suchen, haben oft ein oberständiges Maul, bei dem der Unterkiefer länger ist als der Oberkiefer (z.B. Moderlieschen, *Leucaspius delineatus* HECKEL; Ukelei, *Alburnus alburnus* L. und Ziege, *Pelecus cultratus* L.).

Rumpf

Kopf, Rumpf und Schwanz gehen meist fließend ineinander über. Der Rumpf beginnt äußerlich sichtbar am Hinterrand der Kiemendeckel und reicht bis zur After- bzw. Geschlechtsöffnung. Der Rumpfquerschnitt kann je nach Lebensweise der betreffenden Fischart rund, oval oder abgeflacht sein. Er umschließt in seinem Innern die Fortpflanzungs- und Verdauungsorgane sowie das Herz. Unter der Haut liegt die der Fortbewegung dienende Seitenrumpfmuskulatur, die sich vom Schädel bis zur Schwanzwurzel zieht. Diese Rumpfmuskulatur ist segmental angeordnet. Die einzelnen Segmente sind w-förmig ineinander gefügt. Um die für den Vortrieb notwendige Kraft aufbringen zu können, besteht ein Großteil des Fischkörpers aus Muskelfleisch. Aus diesem Grund gelten Fische als wertvolles Nahrungsmittel. Beim Hecht entfallen z.B. zwei Drittel des Körpergewichtes auf die Muskeln.

Schwanz

Über den Schwanzstiel werden die Körperbewegungen auf die Schwanzflosse übertragen. Die seitlich ausgerichteten Bewegungen des Körpers und der Schwanzflosse erzeugen bei den meisten Fischen den Antrieb.
Die Wirbelsäule zieht sich stützend bis in die Schwanzflosse. Anhand ihres Verlaufs werden drei Typen unterschieden. Die Mehrheit der Fischarten hat eine äußerlich symmetrische Schwanzflosse. Diesen Typ bezeichnet man als homocerk. Bei Haien und Stören zieht sich die Wirbelsäule bis in die oberen Flossenlappen; so entsteht eine asymmetrische Form: Hier spricht man vom heterocerken Typ. Eine weitere symmetrische Flossenform findet man bei den nicht in Europa vorkommenden Flösselhechten und Lungenfischen. Bei diesen reicht die Wirbelsäule bis zum Körperende und wird von gleich langen Flossenstrahlen umstanden. Dieser Typ wird als diphycerk bezeichnet.

Zähne

Auch die Zähne von Fischen weisen unterschiedliche Merkmale auf. Lange, spitze Zähne werden als Fangzähne (z.B. beim Zander, *Stizostedion lucioperca* L.) bezeichnet, eng stehende als Bürsten- oder Hechelzähne (z.B. Wels, *Silurus glanis* L.). Sie können sowohl auf dem Ober-, Zwischen- und Unterkiefer als auch am Munddach, am Gaumenknochen oder auf dem Zungenbein sitzen. Bei Karpfenfischen (Cypriniden) befinden sich außerdem auf der Innenseite des 5. Kiemenbogens Zähne. Diese können ein-, zwei- oder dreireihig angeordnet und unterschiedlich geformt sein. Bei Artbeschreibungen gibt man ihre Anzahl in Form einer Schlundzahnformel wieder.

Mit den Schlundzähnen wird die Nahrung zerkleinert und trocken gepreßt, wobei diese gegen eine Platte am Munddach arbeiten (Karpfenstein). Ihre Form ist bei den einzelnen Arten an die jeweils bevorzugte Nahrung angepaßt. So haben Karpfen (*Cyprinus carpio* L.) breitflächige Mahlzähne, die bei Abnutzung erneuert werden. Der Rapfen (*Aspius aspius* L.) hingegen besitzt spitze, zum Zerschneiden größerer Beutetiere geeignete Schlundzähne. Bei der Rotfeder (*Scardinius erythrophthalmus* L.), die sich überwiegend von pflanzlicher Kost ernährt, sind sie gesägt. Die Nase (*Chondrostoma nasus* L.)

Fangzähne beim Zander (*Stizostedion lucioperca* L.) und Hechelzähne beim Wels (*Silurus glanis* L.).

hat messerförmige Schlundzähne, mit denen sie Algen zerkleinert. Bei den Forellen ist auch das aus Stiel und Platte bestehende Pflugscharbein oder Vomer in jeweils unterschiedlicher Weise bezahnt. Deshalb wird die Art der Bezahnung als Merkmal bei der Bestimmung von Lachsfischen herangezogen. So ist z.B. beim Lachs (*Salmo salar* L.) nur der Stiel bezahnt und beim Huchen (*Hucho hucho* L.) nur die Platte.

Kiemen

Die Kiemen sind die primären Atmungsorgane der Fische. Sie bestehen aus 4 Paar, im Rachenraum gelegenen, knöchernen Kiemenbögen, an denen zahlreiche,

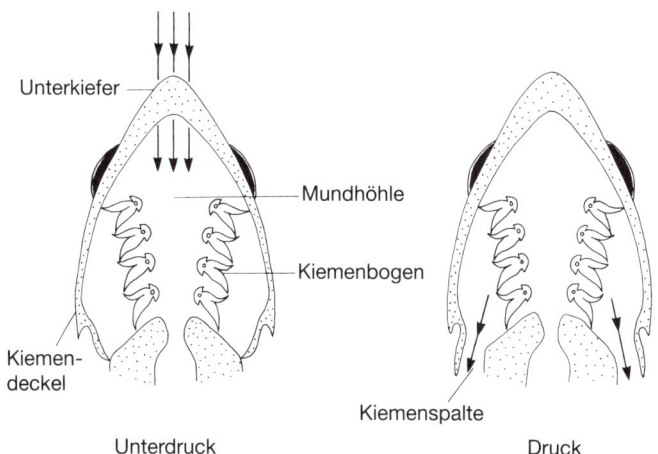

Kiemenatmung: Durch Senken des Mundbodens und Schließen des Kiemendeckels wird das Atemwasser in den Mundraum gesaugt (links). Durch das Heben des Mundbodens bei geschlossenem Maul wird das Atemwasser durch die geöffneten Kiemendeckel ausgepreßt (rechts).

kammähnliche Filamente sitzen, die sich in Lamellen aufgliedern. In diesen dünnhäutigen Lamellen fließt das Blut in feinsten Kapillaren. Durch diese Strukturierung entsteht eine große, dem Gasaustausch dienende Oberfläche. Ein Fisch mit einem Gewicht von 1 kg besitzt eine Kiemenoberfläche von fast 2m². Sauerstoff wird aus dem Atemwasser aufgenommen und Kohlendioxid abgegeben. Die Kiemendeckel (Operculum), welche die Kiemenöffnungen nach außen bedecken und schützen sind ebenfalls knöchern. Sie schützen die empfindlichen Organe vor Verletzungen.

Der für die Atmung erforderliche Wasserstrom wird durch Pumpbewegungen des Kopfes erzeugt. Beim Öffnen der Mundspalte senkt sich auch der Mundboden. Durch den entstehenden Unterdruck strömt Wasser in den Mund- und Rachenraum. Die geschlossenen Kiemendeckel und die Kiemenlamellen fungieren dabei als Ventile, die verhindern, daß Wasser durch die Kiemenöffnung einströmt. Durch das Schließen der Mundspalte und Heben des Mundbodens wird das Wasser an den Kiemen vorbei nach außen gepreßt.

Haut und Schuppen

Die Haut der Fische besteht aus drei Schichten. Die äußere, aus mehreren Zellschichten zusammengesetzte Haut wird als Oberhaut oder Epidermis bezeichnet. Sie enthält Drüsen, die einen Schleim produzieren, der sowohl die Reibung beim Schwimmen herabsetzt als auch Abwehrfunktionen besitzt. Neuere Untersuchungen haben gezeigt, daß sich in dieser Schleimschicht Substanzen befinden, welche das Wachstum von Pilzen und Bakterien hemmen (z.B. Lysozym). Verletzungen oder Abrieb der Schleimschicht (beim Anfassen mit trockenen Händen) ziehen beim Fisch oft Verpilzungen und Entzündungen nach sich. Aus diesem Grund sollten gefangene Fische nur mit nassen Händen angefaßt werden, wenn man sie anschließend wieder in das Gewässer zurücksetzen will. Auch beim Transport und bei der Haltung von Aquarienfischen sollte man darauf achten, daß keine scharfkantigen Gegenstände die Schleimschicht verletzen können.

In der unter der Epidermis liegenden Lederhaut oder Corium sind die für Fische typischen Schuppen in schrägen Taschen eingebettet. Die sich meist dachziegelartig überlappenden Plättchen sind für die systematische Einordnung vieler Fischarten von großer Bedeutung. Ihre Größe, Form und Anzahl (z. B. entlang der Seitenlinie) stellen Merkmale dar, die oft art- bzw. familientypisch ausgeprägt sind. Sind die Schuppen an ihrem freien Rand rund, spricht man von sogenannten Rund- oder Cycloidschuppen (bei den meisten Fischarten). Barschartige Fischarten dagegen haben Kamm- oder Ctenoidschup-

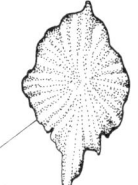

Placoidschuppe
eines Hais

Knochenschuppen
eines Störes

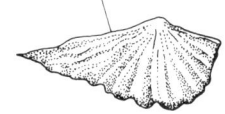

Verschiedene Schuppentypen

pen, die kleine, zahnartige Häkchen am Hinterrand tragen. Manche Fische kommen aber auch ohne Schuppen aus (z.B. Welse).

Die Schuppen wachsen proportional mit dem Fisch. Das Wachstum erfolgt in Schüben, weil das Nahrungsangebot innerhalb eines Jahres stark schwankt. Die damit verbundene ungleichmäßige Kalkeinlagerung führt zur Bildung von konzentrischen Wachstumsringen, die Rückschlüsse auf das Alter des betreffenden Fisches erlauben. Bei Fischen mit sehr kleinen Schuppen sind diese Strukturen nur schwer zu erkennen. Um solche „Jahresringe" deuten zu können, benötigt man einige Erfahrung.

Die Färbung wird bei Fischen durch Farbstoffzellen (Chromatophoren) in der Lederhaut hervorgerufen. Diese sind unterschiedlich auf dem Körper verteilt und enthalten gefärbte Pigmente. Zellen, die das schwarze Melanin enthalten, werden als Melanophoren bezeichnet. Über Nerven gesteuert können diese Chromatophoren und Melanophoren die Verteilung der Farbstoffe innerhalb der Zelle regulieren. Dadurch können viele Fischarten ihr Farbkleid je nach Stimmung oder bei bestimmten Reizen verändern. Besonders auffällig ist diese Fähigkeit in der Laichzeit. Bei vielen Arten tragen vor allem die Männchen ein farbenprächtiges Laichkleid (z.B. Bitterling, *Rhodeus sericeus amarus* BLOCH; Dreistachliger Stichling, *Gasterosteus aculeatus* L.; Zährte, *Vimba vimba* L.). Durch Mutationen kommt es vor, daß Fische die Fähigkeit zur Bil-

Eine Schuppe des Bleis unter dem Mikroskop. Man erkennt die unterschiedlich eng aneinanderliegenden Wachstumsringe. Durch Verwendung von polarisiertem Licht entstehen faszinierende Farbeffekte.

dung bestimmter Pigmente verlieren oder einen Farbzelltyp nicht ausbilden können. Dann entstehen goldfarbene Varianten (u. a. bei der Schleie, *Tinca tinca* L. oder der Barbe, *Barbus barbus* L.) oder Albinos.

Der Silberglanz vieler Fische entsteht durch Guaninkristalle (ein Stoffwechselendprodukt), die in bestimmten Zellen der Lederhaut (Iridozyten) und unter den Schuppen abgelagert werden. Die dadurch beim Schwimmen entstehenden Lichtreflexe irritieren wahrscheinlich die Freßfeinde.

Die Schwimmblase

Die meisten Gewebe der Fische (z.B. Muskeln und Knochen) sind schwerer als Wasser. Fische müßten dementsprechend ständig Energie aufwenden, um durch Schwimmbewegungen das Absinken des Körpers zu verhindern. Zur Vermeidung dieser Energieverschwendung reichern viele Fische in ihrem Körper Stoffe an, die aufgrund ihrer geringen Dichte einen Auftrieb erzeugen. Haie und Dorsche z.B. sammeln in der Leber und in den Muskeln Öl. Ein wesentlich höherer Auftrieb entsteht im Wasser durch eingeschlossene Gase. Aufgrund dieses Effektes entwikkelte sich bei den Knochenfischen aus einer Aussackung des Vorderdarmes eine mit Gas gefüllte Schwimmblase als hydrostatisches Organ (dieses hat die gleiche Funktion wie die Tarierweste bei Tauchern).

Das in der Schwimmblase befindliche Gas kompensiert durch seine geringe Dichte das Absinken des Körpers. Die Verwendung von

Gasvolumen zur Erzeugung eines Auftriebes im Wasser hat jedoch einen gravierenden Nachteil. Das Gas verhält sich im Wasser nach dem Gesetz von Boyle und Mariotte (Das Produkt aus Druck und Volumen ist bei gleichbleibender Temperatur konstant). Schwimmt ein Fisch in die Tiefe, verringert sich das Gasvolumen in der Schwimmblase durch den sich erhöhenden Druck, d. h. der Auftrieb geht verloren. Beim Aufsteigen hingegen dehnt sich das Gas wieder aus, was dazu führt, daß der Auftrieb zu groß wird. Werden Fische z.B. beim Angeln aus großer Tiefe schnell an die Wasseroberfläche gezogen, kann die Schwimmblase platzen oder aus dem Maul heraustreten. Um den hydrostatischen Auftrieb an die jeweilige Wassertiefe anzupassen, regulieren Fische das Gas-

volumen in der Schwimmblase (wie Taucher beim Tarieren). Beim Abtauchen wird über die aus zahlreichen Blutkapillaren und speziellen Zellen bestehende Gasdrüse Gas aus dem Blut in die Schwimmblase abgegeben, so daß deren Volumen und damit der Auftrieb weitgehend konstant bleibt. Verringert sich der Druck beim Auftauchen, entweicht das sich ausdehnende Gas über ein entsprechendes Gefäßsystem (*Oval*) aus der Schwimmblase. Die sogenannten Physostomen können bei raschem Druckabfall Gas über eine bestehende Verbindung der Schwimmblase mit dem Darm (Ductus pneumaticus) abgeben (z.B. Hecht, Karpfen und Wels). Bei den Physoclisten hingegen wurde dieser Gang im Laufe ihrer Entwicklung reduziert (z.B. Flußbarsch). Sie kön-

Lage und Form der Schwimmblase beim Karpfen (*Cyprinus carpio* L.).

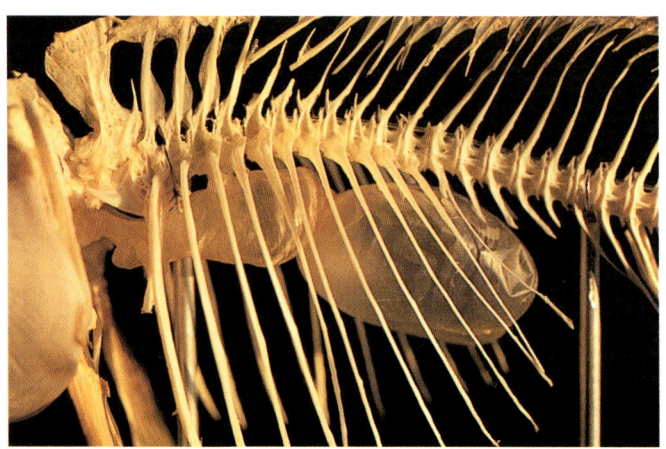

nen sich ausdehnende Gasvolumina nur durch Resorption verringern.

Die Form der Schwimmblase ist bei verschiedenen Fischarten abgewandelt. So ist sie z.B. bei einigen Vertretern aus der Familie der Karpfenfische durch eine Einschnürung in zwei Kammern aufgeteilt. Bei vielen Fischarten dient sie darüberhinaus auch der Wahrnehmung und Erzeugung von Schallwellen.

Sinnesorgane

Geruchs- und Geschmackssinn

Viele bodenorientierte Arten haben in der Nähe des Mauls Tastorgane, die sogenannten Barteln oder Bartfäden, mit denen auch Geschmacksreize aufgenommen werden können. So besitzen z.B. der Wels (*Silurus glanis* L.) 6, die Barbe 4, der Karpfen (*Cyprinus carpio* L.) 2 und die Quappe (*Lota lota* L.) eine Bartel. Geschmackssinneszellen befinden sich aber auch an und in der Mundspalte. Fische können damit wie wir süß, sauer, bitter und salzig unterscheiden. Obwohl Riechen und Schmecken im Wasser nur schwer zu unterscheiden sind, bezeichnet man die Öffnungen über dem Maul als Nasenöffnungen. Mit den im Innern gelegenen Sinneszellen riechen die meisten Fischarten erstaunlich gut. Die Sinneszellen sind in eine rosettenartig gefaltete Riechschleimhaut eingebettet. Um die Richtung wahrnehmen zu können, aus der die Geruchsstoffe kommen, befin-

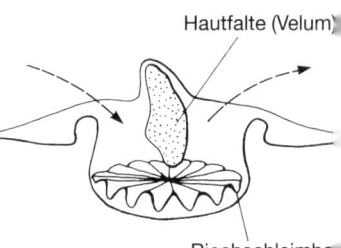

Längsschnitt durch die Nasenöffnung eines Fisches.

den sich über den Öffnungen Hautbrücken, die bewirken, daß der Wasserstrom durch die vordere Öffnung ein- und durch die hintere ausfließt. Der Strom selbst wird durch das Vorwärtsschwimmen, Atmungsbewegungen oder durch den Cilienschlag von Flimmerzellen erzeugt (z.B. beim Aal). Aber auch am Kopf und über den Körper verteilt, haben Fische Zellen, die auf im Wasser befindliche

Substanzen reagieren. Besonders ausgeprägt ist der Geruchssinn bei nachtaktiven und bodenorientierten Arten. Neben der Nahrung werden auch Artgenossen und Freßfeinde auf diese Weise wahrgenommen.

Einige Fische, z.B. Elritzen (*Phoxinus phoxinus* L.) haben in der Haut sogenannte Schreckstoffe, die in einem bestimmten Zelltyp enthalten sind und bei Verletzungen freigesetzt werden und dann sowohl Artgenossen als auch artfremde Fische alarmieren.

Anadrome Wanderfische wie der Lachs (*Salmo salar* L.) ziehen nach einem mehrjährigen Aufenthalt im Meer zum Laichen zurück in die Gewässer, in denen sie geboren wurden. Dabei erkennen sie ihr „Heimatgewässer" am Geruch. Der Aal verfügt unter den Fischen über das ausgeprägteste Riechvermögen. Seine Sinneszellen reagieren sogar auf einzelne Moleküle bestimmter Geruchsstoffe.

Optischer Sinn

Tagaktive Fischarten nehmen ihre Umwelt und ihre Beute hauptsächlich mit den Augen wahr, die in ihrem Bau denen anderer Wirbeltiere weitgehend gleichen. Der wesentliche Unterschied besteht darin, daß die kugelförmige Linse zur Akkomodation (Nah- bzw. Ferneinstellung) nicht durch Muskelzellen abgeflacht werden kann. Um in unterschiedlichen Entfernungen liegende Gegenstände scharf auf der Netzhaut abbilden zu können, bewegen Fische die Linse nach vorne oder hinten. Die Hornhaut und die Augenflüssigkeit haben einen dem Wasser ähnlichen Brechungsindex. Das eintretende Licht wird dementsprechend nur durch die Linse gebrochen. Da diese etwas aus der Pupille herausragt, haben Fische ein relativ großes Gesichtsfeld (160-170° horizontal und 150° vertikal). Beim Ein- oder Austritt in ein dichteres Medium wird Licht winkelabhängig gebrochen. Aus diesem Grund sehen Fische oberhalb der Wasseroberfläche nur Dinge, die sich in einem kreisförmigen Fenster direkt über ihnen befinden. Um die Lichtempfindlichkeit zu erhöhen haben einige Arten hinter der Netzhaut eine lichtreflektierende Schicht (z.B. Störe, *Acipenser sturio* L.), das Tapetum. Das reflektierte Licht reizt die Sehzellen zusätzlich und erhöht so die Lichtempfindlichkeit. Neben den Augen gibt es bei einigen Fischen noch andere lichtempfindliche Organe. So haben manche Arten zusätzliche Lichtrezeptoren über dem Pinealorgan. Dieses ist ein unpaares, auf der Schädelmitte gelegenes Auge, das im Lauf der Entwicklungsgeschichte weitgehend reduziert wurde. Bei Neunaugen befinden sich ·lichtempfindliche Zellen auch entlang der Seitenlinie.

Das Seitenlinienorgan

Ein nur bei Fischen und im Wasser lebenden Amphibien vorkommendes Sinnesorgan ist das Seitenliniensystem. Mit dessen Hilfe werden Wasserströmungen wahrgenommen. Die Rezeptoren befinden sich reihenartig angeordnet am Kopf und entlang des Körpers. Sie bestehen aus speziellen Sinneszellen (Neuromasten) mit Haarfortsätzen (Kinocilien), die bündelartig zusammengefaßt und von einer Gallertmasse (Cupula) umgeben sind. Strömendes Wasser verursacht einen Reiz, in dem es auf die Cupula drückt und dabei die Haarfortsätze aus ihrer Ruhestellung lenkt. Die Rezeptoren stehen frei auf der Haut oder in Rinnen. An den Flanken sind sie über Kanäle miteinander verbunden (Name!) und münden über Poren durch die Schuppen nach außen. Die durchbohrten Schuppen sind meistens gut zu erkennen. Ihre Anzahl entlang der Seitenlinie variiert arttypisch und wird als Merkmal zur Bestimmung von Fischen herangezogen (z.B. hat der Döbel, *Leuciscus cephalus* L. 44-46 Schuppen entlang der Seitenlinie und der ähnliche Aland, *Leuciscus idus* L. 55-60).

Das Seitenlinienorgan fungiert als „Ferntastsinn" mit dem durch Bewegungen erzeugte oder an Hindernissen reflektierte Druckwellen wahrgenommen und geortet werden können. Einige Fischarten setzen diesen Sinn auch bei der Nahrungssuche ein. Mit seiner Hilfe jagen sie z.B. in der Dunkelheit nach Fischen oder nach Insekten, die an der Wasseroberfläche zappeln. Nicht nur beim Hecht (*Esox lucius* L.) ist das Seitenlinienorgan so gut entwickelt, daß erblindete Tiere damit zielsicher nach Fischen schnappen können.

Dreh- und Schweresinn

Fische haben ähnlich wie wir Strukturen im Innenohr (Labyrinth), mit denen sie sich im Raum orientieren und hören. Der Dreh- oder Beschleunigungssinn besteht aus knöchernen Bögen, die so nach den drei Raumrichtungen orientiert sind, daß sie senkrecht aufeinander stehen. Die Basis dieser mit einer Flüssigkeit gefüllten Bögen ist zu einer Ampulle aufgetrieben. In ihr befindet sich ein Bündel von Sinneszellen (Neuromasten), die Haarfortsätze (Kinocilien) tragen und in eine Gallertmasse (Cupula) eingebettet sind. Diese Sinneszellen ragen in die Ampulle und werden durch die Trägheit der Flüssigkeit entgegen der Bewegungsrichtung abgebogen. Der ähnliche Aufbau von Drehsinn und Seitenlinienorgan deutet an, daß diese gleichen Ursprungs sind.

Der Schwere- oder Raumlagesinn funktioniert nach dem gleichen Prinzip wie der Drehsinn. Auch hier erzeugt die Auslenkung der Haarfortsätze von Sinneszellen den Reiz. Der Schweresinn befindet sich ebenfalls im Innenohr. In einem verknöcherten Bläschen

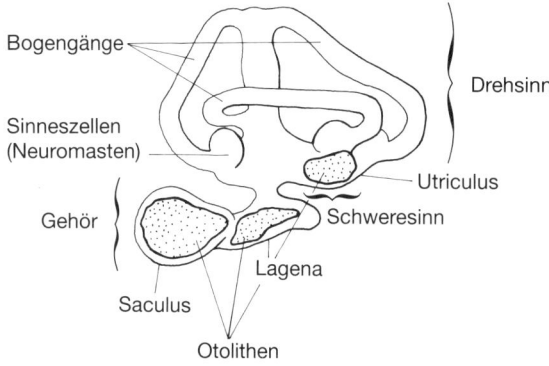

Bogengänge

Sinneszellen
(Neuromasten)

Drehsinn

Gehör

Schweresinn

Utriculus

Lagena

Saculus

Otolithen

Die Otolithen liegen auf einem Bündel aus Sinneszellen, deren Haarfortsätze durch das Gewicht bei Bewegungen ausgelenkt werden.

(Utriculus) befindet sich ein an Bändern aufgehängter Stein aus Kalk. Dieser sogenannte Ohrstein oder Otolith liegt auf einem Polster aus Sinneszellen und reizt diese infolge seines Gewichtes durch die Auslenkungen der Haarfortsätze, wenn der Fisch seine Lage verändert.

Gehör

Fische sind weder stumm noch taub. Bei einigen Arten kommt die Hörschärfe sogar der des Menschen nah. Im Gegensatz zu uns können sie aber nicht orten, aus welcher Richtung die Schallwellen kommen. Tiefe Frequenzen d.h. unter 100 Hertz (1 Hertz = 1 Schwingung pro Sekunde) nehmen sie über den Tastsinn der Haut

wahr, höhere über das Innenohr. Ihr Gehör ist mit dem Labyrinth verbunden und besteht aus zwei bläschenartigen Gebilden (Saculus und Lagena), in denen sich je ein Gehörsteinchen (Otolith) befindet. Durch Schall erzeugte Druckwellen werden vom Körper aufgenommen und über die im Innenohr befindliche Lymphflüssigkeit auf die Gehörsteinchen übertragen. Diese wiederum reizen Sinneszellen, die in Form von Feldern (Maculae) angeordnet sind. Bei einigen Fischfamilien dient die Schwimmblase – ähnlich wie unser Trommelfell – zur Aufnahme des Schalls. Die Schwingungen gelangen über Knochen von der Schwimmblase ins Innenohr. Die daran beteiligten Knochen wurden nach ihrem Entdecker als Webersche Knöchelchen oder Weberscher Apparat bezeichnet. Fischarten, die über diese Art der Schallübertragung verfügen (z.B. Karpfenfische und Welse), faßt man unter dem Begriff Ostariophysen zusammen. Die obere Hörgrenze der zu dieser Gruppe gehörenden Elritze liegt bei etwa 7 kHz (1 kHz = 1000 Schwingungen pro Sekunde).

Da die Gehörsteinchen in Schüben wachsen, entstehen konzentrische Ringe, mit deren Hilfe man das Alter eines Fisches bestimmen kann. Vor allem bei Arten, die keine oder nur sehr kleine Schuppen haben (z.B. Aal) werden bei fischereibiologischen Untersuchungen die Gehörsteine herauspräpariert, in Kunstharz o.ä. gebettet und geschliffen, um anhand der Wachstumsraten Rückschlüsse auf das jeweilige Alter zu ziehen.

Aufgrund des Hörvermögens ist es nicht verwunderlich, daß viele Fischarten auch Laute von sich geben können. Das Spektrum der erzeugten Töne reicht von knakkenden oder knurrenden Geräuschen bis hin zu Pfeiftönen. Zur Lauterzeugung können sie mit den Zähnen knirschen, die Flossenstrahlen aneinander reiben oder die Schwimmblase mit speziellen Muskeln in Schwingungen versetzen. Diese dient häufig auch als Resonanzkörper. Die Geräusche haben bei den einzelnen Arten unterschiedlich Funktionen. Bei einigen kommunizieren die Geschlechtspartner während des Fortpflanzungsverhaltens akustisch miteinander, bei anderen werden so Artgenossen zur einer Futterquelle gelockt oder Feinde vertrieben.

Weitere Sinnesorgane

Es gibt bei Fischen Sinnesorgane, die ihnen zusätzliche Informationen aus der Umwelt erschließen. So kommen bei vielen Arten Elektrorezeptoren vor, mit denen Beuteorganismen an dem von ihnen erzeugten, elektrischen Feld erkannt werden können. Einige, meist tropische, Arten besitzen sogar Organe zur Erzeugung elektrischer Felder. Diese werden bei der Nahrungssuche, bei der innerartlichen Kommunikation und (bei Arten wie dem Zitterwels) zur Abwehr von Feinden eingesetzt. Darüber hinaus sind die Elektrorezeptoren einiger Fische so empfindlich, daß sie auf das magnetische Feld der Erde reagieren und eine Orientierung im Wasser ermöglichen. Weiterhin haben Fische Sinneszellen, mit denen sie die Temperatur und den Sauerstoffgehalt des Wassers wahrnehmen können.

Fortpflanzung

Wie alle anderen Organismen leben auch Fische nur eine begrenzte Zeit. Die Fortpflanzung dient nicht nur dem Überleben der Arten, sie ist eine Grundlage für die Evolution. Die Weitergabe von Erbanlagen und deren Neukombination durch sexuelle Prozesse bilden eine Basis für Selektionsmechanismen, die zur Entwicklung und Aufspaltung der Arten führen. Fische sind getrenntgeschlechtlich, d. h. es gibt große Eizellen produzierende Weibchen (bei Fischen als Rogener bezeichnet) und kleine, bewegliche Spermien weitergebende Männchen (bei Fischen als Milchner bezeichnet). Die beim Männchen als Hoden oder Testes und beim Weibchen als Eierstöcke oder Ovarien bezeichneten Keimdrüsen (Gonaden) der Fische sind paarig. Zur Laichzeit schwellen die Ovarien der Weibchen durch die sich entwickelnden Eier so stark an, daß man Rogener leicht an ihrem dicken Bauch erkennen kann. Beim Laichen werden die Eier durch Muskelkontraktionen aus dem Körper gepreßt. Die geschlechtsreifen Individuen der meisten europäischen Fischarten geben bei der Paarung die Eier (Rogen, Laich) und die Spermien (Milch) zeitgleich auf engem Raum ab. Die sich auf diese Weise fortpflanzenden Arten werden als ovipar bezeichnet. Bei ihnen findet die Befruchtung außerhalb des Körpers statt.

Die Anzahl, der während einer Laichperiode von einem Weibchen gelegten Eier, schwankt innerhalb arttypischer Grenzen. Sie ist bei den Arten groß, die ihren Laich ins Wasser oder am Grund ablegen ohne diesen weiter zu schützen. Die Fische hingegen, die sowohl die Eier als auch die schlüpfenden Larven bewachen und pflegen (z. B. Stichlinge) oder an geschützten Stellen ablegen (z. B. Bitterlinge), erzeugen nur relativ wenig Eier. Die Eizahl wird aber auch durch das für den Fisch verfügbare Nahrungsangebot und die Größe des Weibchens beeinflußt. Sie wird in der Literatur pro kg Körpergewicht angegeben, da dieses in der Regel mit der Eizahl korreliert.

Der Laich kann sowohl im freien Wasser als auch auf einem Substrat abgelegt werden. Freiwasserlaicher legen Eier, die im Wasser schweben. Bei den im Meer lebenden Dorschen ermöglicht ein im Ei enthaltener Öltropfen den Auftrieb. Die meisten Süßwasserfische gehören dagegen zu den sogenannten Substratlaichern. Das von den einzelnen Arten bevorzugte

Die folgende Doppelseite zeigt das auf S. 40 beschriebene Fortpflanzungsverhalten des Zwergstichlings (*Pungitius pungitius* L.) in Momentaufnahmen.

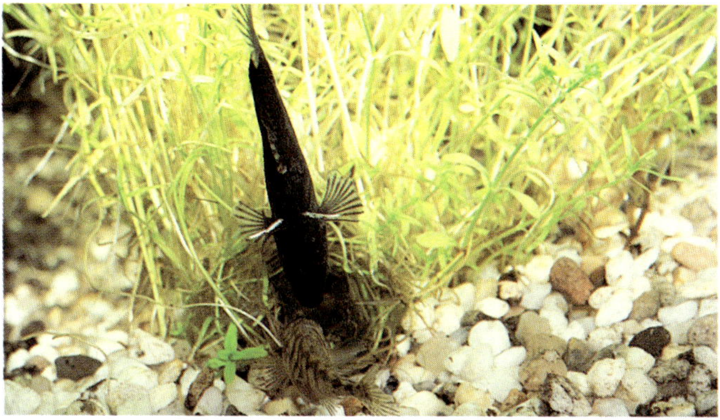

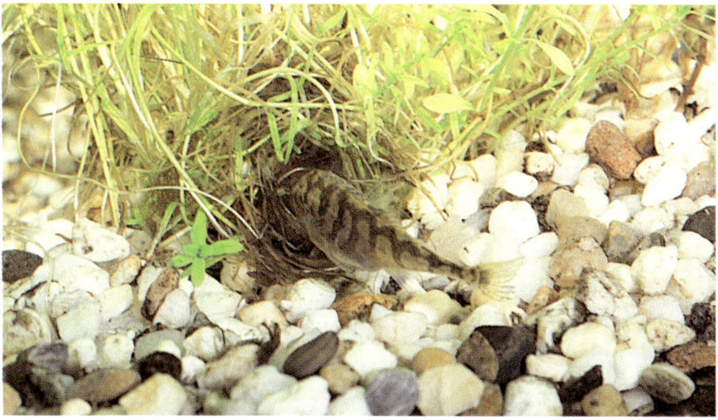

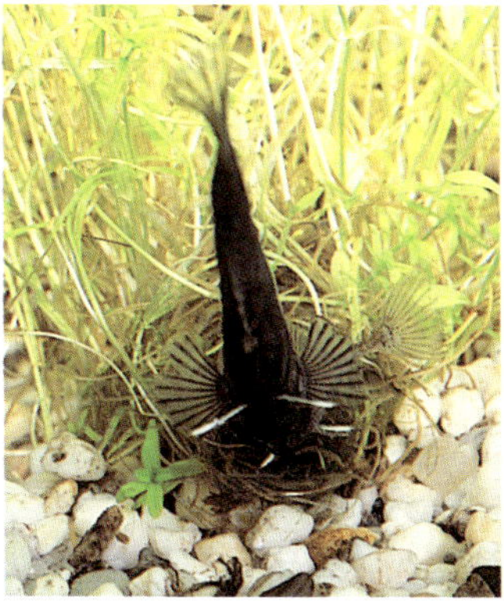

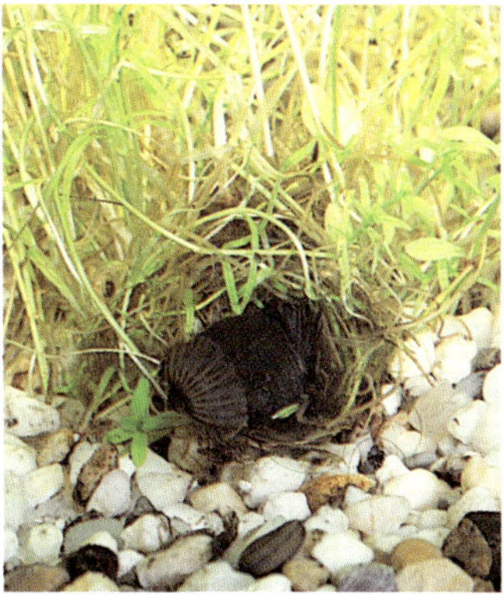

Laichsubstrat ist von den jeweils besiedelten Gewässertypen und -regionen abhängig. In schnell fließenden Gewässern oder pflanzenarmen Seen legen die dort lebenden Fischarten ihre Eier auf Kies- oder Sandgrund (z.B. Forellen, Groppen und Elritzen). Die Bewohner von Gewässern mit dichter Ufervegetation laichen an Pflanzen und Wurzeln (z.B. viele Cypriniden wie Rotfeder, Moderlieschen und Schleie). Barsche (z.B. Flußbarsch, Kaulbarsch und Zander) bevorzugen harte Substrate wie Äste, Wurzeln und Steine (Hartsubstratlaicher). Besonders in Fließgewässern muß verhindert werden, daß die Eier abtreiben. Der Laich wird entweder mit Kies oder Sand bedeckt (z.B. Äsche, Bachforelle) oder in Form von Bändern oder Klumpen (z.B. Flußbarsch, Kaulbarsch und Zander) abgegeben, die sich um das Substrat wickeln. Bei vielen Arten sind die Eier darüber hinaus klebrig und bleiben am Substrat haften (z.B. Rapfen, Moderlieschen, Karausche).

Anhand des Eidurchmessers können nen zwei Fortpflanzungsstrategien unterschieden werden. Die sogenannten K-Strategen (nach MCARTHUR und WILSON 1967) legen große, dotterreiche Eier, die sich langsam entwickeln. Die Mehrzahl der Süßwasserfischarten gehört aber zu den r-Strategen. Diese legen zahlreiche kleine Eier, aus denen Larven schlüpfen, die sich relativ schnell entwickeln. Fische, die sich auf diese Weise fortpflanzen, haben ein hohes Vermehrungspotential. Sie können sich schnell an wechselnde Umweltbedingungen anpassen und neue Lebensräume besiedeln.

Wachstum

Fische wachsen auch nach dem Eintritt der Geschlechtsreife weiter. Langlebige Arten erreichen daher oft eine beachtliche Größe (z.B. Wels, Hecht und Karpfen). Die Wachstumsrate hängt hauptsächlich vom Nahrungsangebot ab. Bei Arten mit einem hohen Vermehrungspotential finden die heranwachsenden Fische oft nicht genügend Nahrung. Solche Bestände neigen häufig zur Ausbildung von Zwerg- bzw. Kümmerformen. Dieses als Verbuttung bezeichnete Phänomen kommt z.B. bei Karauschen (Steinkarauschen), Plötzen (Spitzplötze) und Flußbarschen vor.

Wie oben beschrieben kann das Alter eines Fisches mit Hilfe der Schuppen oder der Gehörsteinchen (Otolithen) bestimmt werden. Da bei den einheimischen Fischen das Längenwachstum auf die wärmere Jahreszeit beschränkt ist, wird das Alter oft in Sommern

Durchschnittliches Längenwachstum einiger heimischer Fischarten

Fischart	Durchschnittliche Länge nach 1–6 Sommern in cm (Ergebnisse aus verschiedenen Gewässern)					
	1	2	3	4	5	6
Stint (*Osmerus eperlanus* L.)	5-7	7-13	8-15	16-20	18-22	
Bachforelle (*Salmo trutta fario* L.)	6-15	17-21	22-25	27	33	
Seeforelle (*Salmo trutta lacustris* L.)	15,5	35,5	53	68,5	80,2	
Meerforelle (*Salmo trutta trutta* L.)	14	19-44	27-57	33-68	50-73	67-130
Lachs (*Salmo salar* L.)	14	20	60	80	95	
Huchen (*Hucho hucho* L.)	20-29	38-51	52-67	57-83	68-100	72-109
Bachsaibling (*Salvelinus fontinalis* Mitchill)	6-15	15-20	20-25			
Seesaibling (*Salvelinus alpinus* L.)	13	22	30	37,5		
Regenbogenforelle (*Oncorynchus mykiss* Walb.)	9-14	16-24	23	25		
Äsche (*Thymallus thymallus* L.)	18	25-27	28-30	30-35	34-37	35-38
Blaufelchen (*Coregonus larvaretus* L.)	11-18	20-29	29-39	34-45	38-49	43-54
Große Maräne (*Coregonus nasus* Pallas)	12-17	20-27	24-36	26-42	29-47	32-53
Kleine Maräne (*Coregonus albula* L.)	11-17	14-21	16-25	17-27	20-30	24-31
Schnäpel (*Coregonus oxyryhynchus* L.)	8-9	17-18	23-24	27-28	30	31-32
Kleine Bodenrenke (*Coregonus pidschian* Gmelin)			22	24	27	29
Barbe (*Barbus barbus* L.)	7-12	14-23	18-32	27-40		
Döbel (*Leuciscus cephalus* L.)	7-10	12-14	17-23	23-25		
Aland (*Leuciscus idus* L.)	5-7	8-12	12-23	16-36	25-39	28-45
Hasel (*Leuciscus leuciscus* L.)	6	9-11	13-15	18-19	20-21	22
Perlfisch (*R. frisii meidingeri* Heckel)	10	19	27	34	40	46
Plötze (*Rutilus rutilus* L.)	4-6	6-11	8-16	11-20	13-22	15-25
Rotfeder (*Scardinius erythrophthalmus* L.)	4-6	6-10	9-15	11-19	14-22	15-25
Ukelei (*Alburnus alburnus* L.)	3-6	6-11	9-17	13-20	14-21	16-22
Moderliesches (*Leucaspius delineatus* Heckel)	4	6-7				
Blei (*Abramis brama* L.)	5-7	8-14	13-18	17-25	19-27	21-35
Güster (*Blicca bjoerkna* L.)	4	6-10	9-11	12-14	14-18	15-16
Elritze (*Phoxinus phoxinus* L.)	3-4	5-6	7-8	8-9	9-10	11
Schneider (*Alburnoides bipunctatus* Bloch)	3-4	7	9	11	11-12	12-13
Strömer (*Leuciscus souffia* Risso)			12	14	18	
Zährte (*Vimba vimba* L.)	7-9	12-16	16-22	20-28	24-32	36
Ziege (*Pelecus cultratus* L.)	6	14	19	25	28	31
Rapfen (*Aspius aspius* L.)	10-15	16-27	25-40	34-50	53-57	59-64
Nase (*Chondrostoma nasus* L.)	6-9	12-16	17-23	20-28		
Bitterling (*Rhodeus sericeus amarus* Bloch)	2-4	3-6	5-7	6-7		
Gründling (*Gobio gobio* L.)	3-5	8-10	12			
Schleie (*Tinca tinca* L.)	6-8	11-14	15-21	19-29	25-40	
Karausche (*Carassius carassius* L.)	3	10-15				
Karpfen (*Cyprinus carpio* L.)	6-18	18-30	25-40	30-43	35-51	50-65
Quappe (*Lota lota* L.)	13-20	16-28	23-42	30-50	32-56	40-64
Hecht (*Esox lucius* L.)	12-16	28-39	38-47	48-61	56-72	61-90
Flußbarsch (*Perca fluviatilis* L.)	7-8	9-13	10-15	11-17	12-19	13-21
Zander (*Stizostedion lucioperca* L.)	12-16	22-31	31-47	43-56	49-53	55-61
Kaulbarsch (*Gymnocephalus cernua* L.)	6-7	7-11	9-13	11-15	12-16	13-18
Groppe (*Cottus gobio* L.)	3	5	7-9			
Flunder (*Platichthys flesus* L.)	5-6	11-22	17-25	20-27	22-34	

angegeben. So hat z. B. eine zwei-sommerige Schleie zwei Wachstumsperioden hinter sich. In Wachstumstabellen beziehen sich die Angaben auf die Länge, die am Ende der jeweiligen Wachstumsperioden (Sommer) erreicht wird. Bei der Bestimmung der Totallänge wird bei Fischen von der Spitze des Kopfes bis zum Hinterende der Schwanzflosse gemessen. Die Körperlänge hingegen bezieht sich auf die gemessene Länge zwischen der Kopfspitze und dem Ende des Schwanzstiels.

Ermittelt man bei Fischbeständen die Alterszusammensetzung und die Längenverteilung, können daraus Rückschlüsse auf das im Gewässer vorhandene Nahrungsangebot gezogen werden. Ein durchschnittliches Wachstum vorausgesetzt, kann man mit Hilfe der Länge eines Fisches dessen Alter schätzen. In der folgenden Tabelle sind die der Literatur entnommenen Daten über die durchschnittliche Länge verschiedener Altersstufen einiger Fischarten zusammengefaßt.

Verhalten

Fische setzen sich wie alle anderen Tiere mit ihrer Umwelt aktiv auseinander. Die Gesamtheit der beobachtbaren Bewegungen, Körperhaltungen und Lauterzeugungen eines Lebewesens faßt man unter dem Begriff Verhalten zusammen. Dabei wird zwischen angeborenen (vererbten) und erlernten (erworbenen) Verhaltensweisen unterschieden. Angeborenes Verhalten besteht oft aus räumlich und zeitlich geordneten Bewegungen, welche als Instinkthandlungen bezeichnet werden. Reize, die bestimmte, angeborene Verhaltensweisen auslösen, heißen Schlüsselreize. Lösen diese im Rahmen einer Kommunikation beim Artgenossen eine Antwort aus, spricht man von Auslösern.

Komplexe, vielfältige und interessante Verhaltensweisen lassen sich bei Fischen während der Fortpflanzung, bei der Nahrungssuche und -aufnahme sowie bei der Abwehr von Freßfeinden beobachten. In den folgenden Ausführungen werden einige typische Verhaltensweisen heimischer Fischarten beschrieben.

Wanderungen

Wanderungen kommen bei vielen Fischarten vor. Auch die sogenannten stationären (standorttreuen Arten) wandern, durch äußere Einflüsse bedingt, gelegentlich über kurze Strecken. Die Wanderungen können verschiedene Ursachen haben. Bei Nahrungsmangel suchen Fische nach neuen Weidegründen. Wenn sich die Umweltbedingungen verschlechtern – von Bedeutung sind beispielsweise Veränderung der Wassertemperatur, Sauerstoffmangel, Einleitung von Schadstoffen, Hochwasser – oder bei lokalen, hohen Individuendichten werden Ausgleichsbzw. Kompensationswanderungen durchgeführt. Zur Winterruhe wechseln viele Arten in tiefere oder geschützte Stellen.

Fische, die zum Zweck der Fortpflanzung wandern und dabei größere Entfernungen zurücklegen, nennt man Wanderfische. Diese sind in Europa durch zahlreiche Arten vertreten. Auch innerhalb einer Art können sowohl stationäre als auch wandernde Formen auftreten. So ist z. B. die Bachforelle (*Salmo trutta fario* L.) eine stationäre Form der wandernden Meerforelle (*Salmo trutta trutta* L.). Man unterscheidet zwischen den anadromen (gr. anadrom, aufwärts-

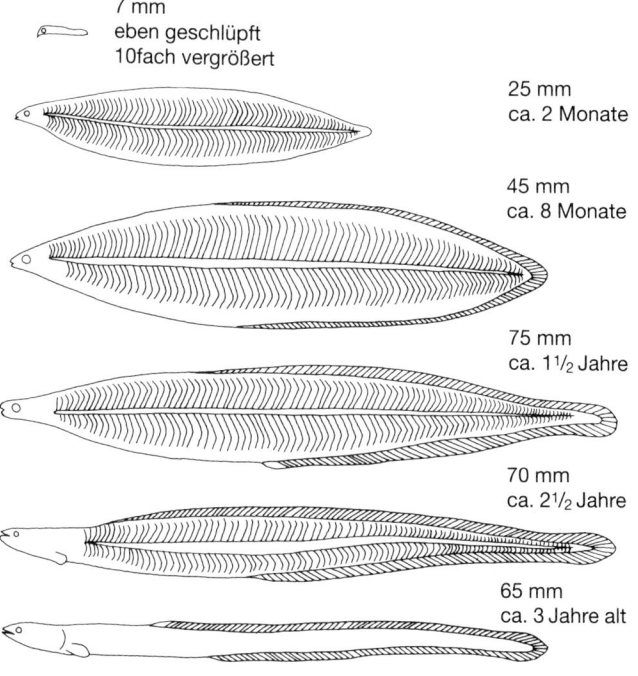

7 mm
eben geschlüpft
10fach vergrößert

25 mm
ca. 2 Monate

45 mm
ca. 8 Monate

75 mm
ca. 1½ Jahre

70 mm
ca. 2½ Jahre

65 mm
ca. 3 Jahre alt

Die frühen Entwicklungsstadien des Aals von der frisch geschlüpften Larve bis zum Glasaal.

ziehend) Wanderarten, die ihre Nahrung hauptsächlich im Meer aufnehmen und zum Laichen in die Flüsse ziehen (z. B. Lachs, *Salmo salar* L.; Maifisch, *Alosa alosa* L.; Stör, *Acipenser sturio* L.), und den katadromen (gr. katadromé, abwärtsziehend) Arten, die zum Laichen ins Meer wandern (z. B. Aal, *Anguilla anguilla* L.). Wandert eine Art innerhalb von Flüssen oder Seen, bezeichnet man sie als diadrome Wanderart.

Das Laichgebiet des Aals liegt wahrscheinlich im Westatlantik in der sogenannten Sargassosee. Dort konnten zumindest die kleinsten Larvenformen (Leptocephalie) in einer Tiefe von 100-300 m nachgewiesen werden. Die Larven ernähren sich von Plankton und treiben in geringer Tiefe 3-4 Jahre mit dem Golfstrom bis an die europäischen und nordafrikanischen Küsten. Die zunächst seitlich abgeflachten Larven stellen kurz vor der Ankunft an der Küste die Nahrungsaufnahme ein und wandeln sich in die etwa 65 mm langen Glasaale um. Deren Körper ist schlank und im Querschnitt fast rund. Im Mündungsbereich von Flüssen passen sie sich langsam an das Süßwasser an und beginnen wieder zu fressen. In dieser Phase färben sie sich durch die Einlagerung von Pigmenten dunkel. Als sogenannte Steigaale ziehen sie dann in die von ihnen besiedelten Gewässer.

Während die Männchen eher im Brackwasserbereich und im Unterlauf der Flüsse bleiben, ziehen die Weibchen gelegentlich bis in die Äschenregion.

Schwarmbildung

Die Individuen vieler Fischarten bilden Schwärme. Der Zusammenschluß von Artgenossen kann aber auf bestimmte Lebensabschnitte beschränkt sein. So kommt es bei vielen Fischen nur während der Laichzeit und bei den Jugendstadien zur Schwarmbildung. Bei Arten, die sich auch außerhalb der Laichzeit zusammenschließen, dient dieses Verhalten meist dem Schutz vor Freßfeinden. Innerhalb eines Schwarmes können einzelne Beutefische nur schwer von Räubern erfaßt und verfolgt werden. In der Regel schließen sich deshalb alle nicht räuberisch lebenden Fischarten, die das freie Wasser bewohnen, in Schwärmen zusammen. Die Individuen sind dabei meistens ungefähr gleich groß. Sie fressen, wandern und ruhen zur gleichen Zeit. Man bezeichnet solche Schwärme als anonyme Verbände, da sich die Mitglieder nicht individuell kennen und sozial gleichgestellt sind, d. h. es gibt keine „Leittiere" oder Rangkämpfe.

Es kommt aber auch vor, daß sich Raubfische zusammenschließen, um ihre Beute zu jagen. Unter den heimischen Fischarten ernähren sich z. B. junge Flußbarsche (*Perca fluviatilis* L.) auf diese Weise. Die Beutefische werden gemeinsam in die Enge getrieben (am Ufer) und

Besonders Jungfische schließen sich zum Schutz vor Freßfeinden gerne in Schwärmen zusammen. Hier: Jungfische des Seesaiblings (*Salvelinus alpinus* L.).

durch schnelle Vorstöße gefangen. Ferner wurde beobachtet, daß sich Fische zur Winterruhe an geschützten Stellen sammeln. Solche Schwärme können aus mehreren Arten bestehen.

Revierbildung

Fischarten, die sich räuberisch ernähren sind oft standorttreu und verteidigen ihr Revier gegen Artgenossen (z. B. der Hecht). Daneben werden bei einigen Arten zur Laichzeit Territorien abgegrenzt. Meist sind es die Männchen, die einen Laichplatz oder ein Nest vorbereiten, um Weibchen zur Eiablage aufzufordern (z. B. Zwergwelse und Sonnenbarsche).

Brutpflege

Das Brutpflegeverhalten ist bei Fischen recht unterschiedlich ausgeprägt. Bei vielen Arten kümmern sich die Eltern nach der Eiablage nicht weiter um ihren Laich (z. B. Salmoniden). Bei anderen Arten beschränkt sich die Fürsorge auf die gelegten Eier, die meistens vom Männchen bewacht und befächelt werden (z. B. Zander). Bei den europäischen Süßwasserfischen kommt es nur selten vor, daß auch die schlüpfende Brut bewacht wird (z. B. Stichlinge).
Beide in europäischen Süßgewässern beheimateten Stichlingsarten grenzen Reviere ab und bauen Nester. Beim Dreistachligen Stichling (*Gasterosteus aculeatus* L.) baut

das Männchen am Boden ein Nest aus Pflanzenteilen. Zunächst werden Fadenalgen, Pflanzenteile und kleine Wurzeln in einer Grube gesammelt. Anschließend werden die Bestandteile mit einem Nierensekret verklebt. Durch Stoßbewegungen und weiteres Verkleben entsteht zunächst ein Eingang, später eine Nisthöhle. In diese lockt das Männchen das am prall gefüllten Bauch erkennbare Weibchen mit einem Zickzacktanz. Sobald das Weibchen folgt, zeigt ihm das Männchen den Nesteingang. Daraufhin schlüpft es ins Nest. Mit der Schnauze berührt das Männchen anschließend die Afterregion des Weibchens (Schnauzentriller) und stimuliert auf diese Weise die Eiablage. Sobald das Weibchen das Nest verlassen hat, schlüpft das Männchen hinein und entläßt sein Sperma auf die Eier.

Bei diesem Paarungsverhalten spielen Schlüsselreize eine große Rolle. Die koordinierten Instinkthandlungen sind in zahlreichen Lehrbüchern beschrieben. Weniger bekannt hingegen ist das Paarungsverhalten des Zwergstichlings (*Pungitius pungitius* L.). Im Frühjahr, zum Beginn der Fortpflanzungszeit, färbt sich der Körper des Männchens schwarz und der erste Strahl der Bauchflossen weiß. Zwergstichlinge grenzen Reviere ab, die sie aggressiv gegen Artgenossen verteidigen. Im Gegensatz zu den Dreistachligen Stichlingen bauen sie ihr röhrenförmiges Nest häufig zwischen Pflanzen (s. S. 32 o.). Dabei kann

das Nest am Fuß von Pflanzen liegen oder in ihnen hängen. Es besteht aus pflanzlichem Material, welches mit einem Nierensekret verklebt wird. Das Männchen umschwimmt das Nest und gibt dabei das Sekret in Form eines Fadens ab. Ständig werden weitere Pflanzenteile herangetragen, mit dem Maul ins Nest gestopft und festgedrückt. Durch Stoßbewegungen formt das Männchen eine Röhre, deren Inneres ebenfalls mit dem Nierensekret ausgekleidet wird. In Aquarien wurde sogar beobachtet, daß die Männchen Nistmaterial aus den fertigen Nestern von Artgenossen stehlen.

Ist das Nest weitgehend vollendet, balzen die Männchen um laichbereite Weibchen (s. S. 32 m.). Diese sind heller gefärbt und zeigen in einer typischen Haltung (der Kopf wird nach oben gerichtet) ihren mit Eiern gefüllten Bauch (s. S. 32 l. u.). Das Männchen umtanzt daraufhin das Weibchen mit zickzackförmigen, ruckartigen Schwimmbewegungen. Danach beginnt das Männchen mit dem Führungsschwimmen, wobei es den Kopf meistens nach unten richtet. Das Weibchen folgt ihm dicht über dem Boden schwimmend bis zum Nest (s. S. 32 r. u.). Dort zeigt ihm das Männchen den Eingang (s. S. 33 o.). Die Weibchen haben mit ihrem dicken Bauch oft Schwierigkeiten in das Nest zu gelangen (s. S. 33 m.). Meistens sind sie erst nach mehreren Versuchen erfogreich. Befindet sich das Weibchen im Nest, beginnt das Männchen durch

Berührungen der Aftergegend die Eiablage zu stimulieren (s. S. 33 l. u.). Die Anzahl der gelegten Eier ist von der Größe und dem Alter des Weibchens abhängig. Bei frei lebenden Tieren wurden zwischen 26 und 248 Eier gezählt (PAEPKE 1983). Im Aquarium hatten die Weibchen bei eigenen Untersuchungen zwischen 45 und 92 Eier im Nest abgelegt. Sobald das Weibchen nach der Eiablage das Nest verlassen hat, schlüpft das Männchen hinein, befruchtet die Eier und bettet sie so, daß sie nicht herausfallen (s. S. 33 r. u.). Der Laich und die nach etwa einer Woche schlüpfenden Larven werden bis zum Ausschwärmen vom Männchen bewacht.

Die Lebensräume der Fische

Die in diesem Buch beschriebenen Fischarten leben in den Binnengewässern Mitteleuropas. Im Gegensatz zu den salzwasserhaltigen Meeren bestehen Binnengewässer überwiegend aus Süßwasser. Süßwasserfische besiedeln eine Vielfalt aquatischer Lebensräume. Da Fische an die spezifischen Lebensbedingungen in den einzelnen Gewässertypen mehr oder weniger angepaßt sind, findet man je nach Gewässertyp ein charakteristisches Artenspektrum. So unterscheidet sich unter natürlichen Bedingungen die Fischartenzusammensetzung in einem schnell fließenden Gebirgsbach von der eines nährstoffreichen Sees. Anhand biotischer (biologischer) und abiotischer (nicht biologischer) Kriterien werden die Gewässer bestimmten Typen zugeordnet bzw. in verschiedene Regionen eingeteilt. Bei Binnengewässern unterscheidet man physikalisch zunächst zwischen fließenden und stehenden Gewässern. Zwischen diesen gibt es aber im wahrsten Sinne des Wortes fließende Übergänge, die Flußseen (z. B. die Havel bei Berlin).

Die Fließgewässer

Zu den natürlichen Fließgewässern gehören nach zunehmender Größe geordnet und ineinander übergehend Quellen, Bäche, Flüsse und Ströme. In den Kulturlandschaften Mitteleuropas findet man darüber hinaus eine große Anzahl künstlicher Fließgewässer wie Entwässerungsgräben, Gräben und Kanäle. Die natürlichen Fließgewässer entwässern die Landschaft wie ein Drainagesystem. Sie entspringen als Quelle dort, wo unterirdisches Wasser an die Oberfläche gelangt und strömen meerwärts. Die Quellregionen findet man sowohl im Gebirge als auch im Flachland. In den von Natur aus ungeteilten Wasserläufen verändern sich eine Reihe von abiotischen Faktoren, wie die Fließgeschwindigkeit, die Breite und Tiefe des Gewässers, die Bodenstruktur, die Wassertemperatur, der Sauerstoffgehalt und die eingeschwemmte Nährstoffmenge. Diese Umweltbedingungen beeinflussen alle Lebewesen, die einen Gewässerabschnitt als Lebensraum nutzen, weil deren Ansprüche an das jeweilige Milieu angepaßt sind. Aus diesem Grund findet man in gleicharti-

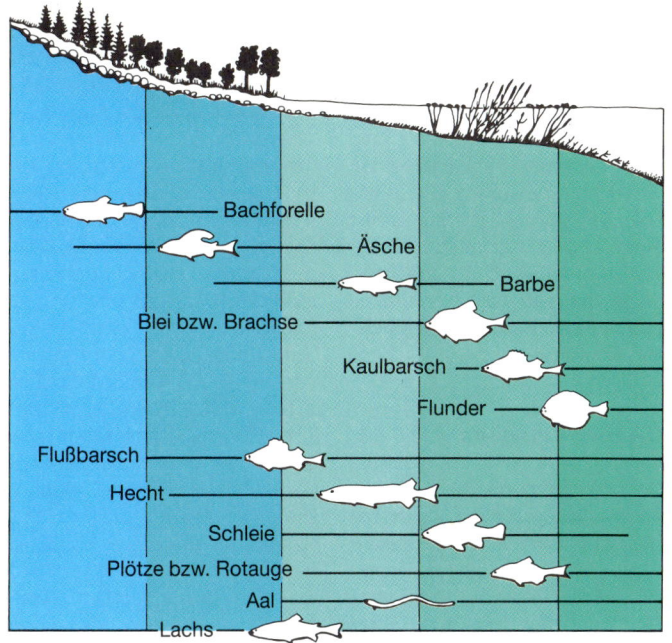

Nach der klassischen Einteilung der Fließgewässer unterscheidet man (von links nach rechts) folgende Regionen: Forellenregion, Äschenregion, Barbenregion, Bleiregion und Kaulbarsch-Flunder-Region.

gen Lebensräumen typische Lebensgemeinschaften (Biozönosen), selbst wenn diese geographisch weit voneinander entfernt liegen. Die Zusammensetzung der Fischarten in einem Gewässer läßt Rückschlüsse auf die dortigen Lebensbedingungen zu. Da bestimmte Fischarten für die Lebensgemeinschaften in den einzelnen Gewässerabschnitten charakteristisch sind, werden Fließgewässer nach den sogenannten Leitfischarten in die Forellen-, Äschen-, Barben-, Blei- und Kaulbarsch-Flunder-Region unterteilt. Neben den Leitfischen kommen in den Abschnitten auch die oft ebenfalls typischen Begleitfische vor. Die einzelnen Regionen sind nicht scharf gegeneinander abgegrenzt und folgen unter natürlichen Bedingungen nicht immer dieser klassischen Einteilung entsprechend aufeinander. So kann die Forellenregion direkt in die Barbenregion übergehen oder es kann sich z.B. an eine Barbenregion ebenso eine weitere Äschenregion anschließen. Darüber hinaus fehlen in manchen Gewässern einzelne oder mehrere Regionen, z.B. bei Gebirgsbächen, die direkt ins Meer fließen. Dennoch ist die Einteilung der Fließgewässer in die einzelnen Regionen fischereibiologisch sinnvoll, da aus der Beschaffenheit eines Gewässerabschnittes (Fließgeschwindigkeit, Breite und Tiefe, Uferstruktur etc.) auf die darin zu erwartenden Fischarten geschlossen werden kann.

Die Forellenregion

Der sich unmittelbar an die Quelle anschließende und von Fischen besiedelbare Bereich ist die Forellenregion. Hier finden wir als einheimischen Leitfisch die Bachforelle (*Salmo trutta fario* L.). Dieser Standfisch bewohnt Gewässer bis in 2 000 m Höhe. Als kräftiger Schwimmer ist er bestens an das stark strömende Wasser angepaßt. Zur Begleitfauna gehört das Bachneunauge (*Lampetra planeri* BLOCH), die Groppe (*Cottus gobio* L.), die Schmerle (*Noemacheilus barbatulus* L.) und die Elritze (*Phoxinus phoxinus* L.). Weiterhin kommen in Mitteleuropa auch die ursprünglich aus Nordamerika stammenden Bachsaiblinge (*Salvelinus fontinalis* MITSCHILL) und Regenbogenforellen (*Oncorhynchus mykiss* WALBAUM) vor. Darüber hinaus wandern Fischarten wie der Lachs (*Salmo salar* L.) und der Huchen (*Hucho hucho* L.) in diese Region, um dort zu laichen.

Das ganze Jahr über ist die Wassertemperatur relativ konstant und steigt selten über 10 °C. Das schnell fließende Wasser ist sauerstoffreich, nährstoffarm und meistens klar. Der Wasserstand kann jahreszeitlich bedingt stark schwanken (Schneeschmelze). Der Grund und das Ufer des Quellbaches bestehen im Gebirge eher aus Felsblöcken, Steinen und Kies, im Flachland dagegen meistens aus Sand. Außer Algen, die auf Steinen oder am Grund wachsen, können sich im schnell fließenden Wasser keine Pflanzen halten. Nur in ruhigeren Bereichen kommen auch höhere Pflanzen, z.B. das Quellmoos (*Fontinalis antipyretica*), vor. Das Nahrungsangebot für Fische ist hier relativ begrenzt und setzt sich vor allem aus Schnecken, Bachflohkrebsen, Köcher-, Stein- und Eintagsfliegenlarven, sowie aus Anfluginsekten zusammen.

Die Äschenregion

In Gelände mit geringerem Gefälle läßt die Transportkraft des Wassers nach. Der Grund wird zunehmend feinkörniger und besteht aus Kies und Sand. Durch die Vereinigung mehrerer Bäche ist die Wasserführung gestiegen. Die starke Strö-

Rechts oben: Typische Forellenregion in einem Mittelgebirge. Der Grund besteht aus Geröll und Steinen.
Rechts unten: Äschenregion. Der Grund besteht aus Kies- oder Sand.

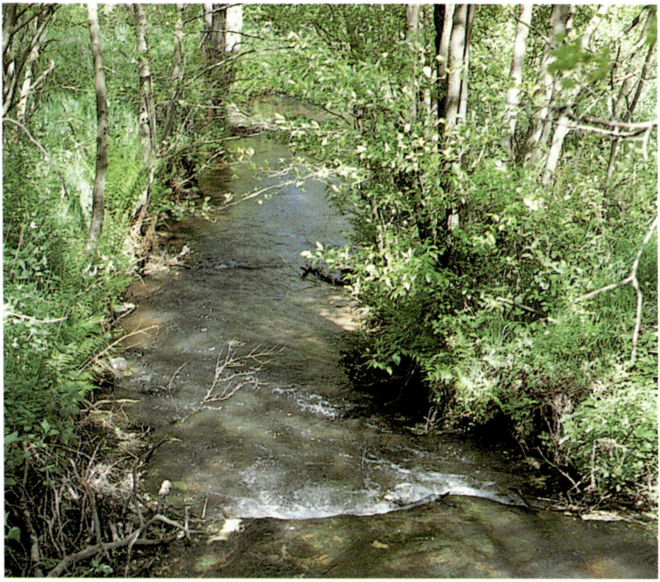

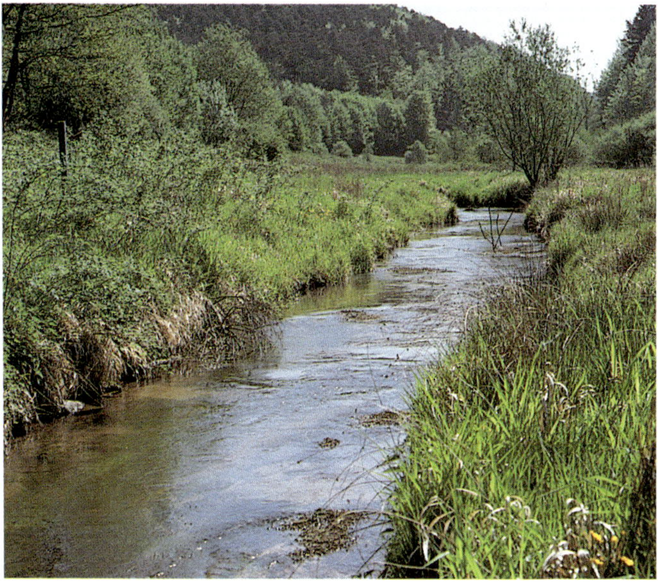

mung unterspült die Ufer und bildet tiefe Kolke. An ruhigeren Stellen lagert sich Schlamm ab und es wachsen dichte Pflanzenbestände, die ein reiches Angebot an Fischnährtieren beherbergen. Neben den Algen wächst hier z.B. der Flutende Hahnenfuß (*Ranunculus fluitans*), der Gemeine Wasserstern (*Callitriche palustris*), die Bachbunge (*Veronica beccabunga*), die Brunnenkresse (*Nasturtium officinale*) und die Kanadische Wasserpest (*Elodea canadiensis*). Das Wasser ist immer noch sauerstoffreich, relativ kühl (selten über 15°C) und außerhalb der Schneeschmelze klar.

Der Charakterfisch dieser Region, ist die zu den Lachsartigen gehörende Äsche (*Thymallus thymallus* L.). Dieser Standfisch ist an der fahnenartig vergrößerten Rückenflosse relativ einfach zu erkennen. Begleitfische sind neben den Fischen der Forellenregion, Döbel (*Leuciscus cephalus* L.), Hasel (*Leuciscus leuciscus* L.), Gründling (*Gobio gobio* L.), im Flachland und im Mittelgebirge der Schneider (*Alburnoides bipunctatus* L.) und der Strömer (*Leuciscus souffia* RISSO) sowie im Einzugsgebiet der Donau die Nase (*Chondrostoma nasus* L.) und der Huchen (*Hucho hucho* L.). An langsam fließenden Stellen kommt gelegentlich auch der Hecht (*Esox lucius* L.) vor.

In dieser Region befinden sich auch die Laichplätze einer Reihe von Wanderarten, z.B. der Meerforelle (*Salmo trutta trutta* L.) und der Barbe (*Barbus barbus* L.).

Die Barbenregion

Während die beiden im Oberlauf der Fließgewässer befindlichen Regionen bevorzugt von lachsartigen Fischen (Salmonoidea) besiedelt werden, überwiegen im Mittel- und Unterlauf der Flüsse die karpfenartigen Fische (Cypriniformes). Aus diesem Grund faßt man die Forellenregion und die Äschenregion unter dem Begriff Salmonidenregion zusammen und stellt diese der Cyprinidenregion gegenüber, die mit der Barbenregion beginnt.

Der Leitfisch der Barbenregion ist die Barbe (*Barbus barbus* L.). Sie ist an der unterständigen Mundspalte und den vier an der Oberlippe befindlichen Barteln leicht zu erkennen. Die Barbe lebt in den breiter und tiefer gewordenen Abschnitten der Fließgewässer. Sie ist recht gesellig und hält sich gewöhnlich unter Überhängen, Wurzeln, Wehren und in der Nähe von großen Steinen auf.

Obwohl das Flußbett über weite Strecken weich und schlammig ist, kommen auch Kies- und Sandbänke vor. Das Wasser ist immer noch relativ sauerstoffreich, erwärmt sich aber im Sommer häufig über 15°C. Durch Einschwemmungen und Algenwuchs kommt es zu einer leichten Trübung. Dichte Pflanzenbestände wachsen besonders in ruhigeren Bereichen, z.B. Laichkräuter (*Potamogeton natans, P. lucens* und *P. perfoliatus*). Neben den Fischarten der benachbarten Regionen findet man hier

In der Barbenregion ist das Flußbett über weite Strecken weich und schlammig, es gibt aber auch überströmte Kies- und Sandbänke.

den Aland (*Leuciscus idus* L.) die Plötze (*Rutilus rutilus* L.), die Rotfeder (*Scardinius erythrophthalmus* L.), den Ukelei (*Alburnus alburnus* L.), die Schleie (*Tinca tinca* L.) und den Flußbarsch (*Perca fluviatilis* L.). Auch Arten, die sich überwiegend von Fischen ernähren, wie der Rapfen (*Aspius aspius* L.), der Hecht (*Esox lucius* L.) und der Zander (*Stizostedion lucioperca* L.) sind hier häufig anzutreffen. Im Einzugsgebiet der Donau leben in dieser Region die vom Aussterben bedrohten Arten Schrätzer (*Gymnocephalus schrätzer* L.), Streber (*Zingel streber* SIEBOLD) und Zingel (*Zingel zingel* L.)

Die Bleiregion

In den breiten Unterläufen der Flüsse fließt das Wasser nur langsam. Infolgedessen lagert sich am Grund und am Ufer Schlamm ab. Der Sauerstoffgehalt des Wasser schwankt in den einzelnen Bereichen des Flusses und im Jahresverlauf. Eingeschwemmtes Material und Plankton verringern die Lichtdurchlässigkeit so stark, daß nur in den Uferbereichen das Wachstum höherer Pflanzen möglich ist. Aufgrund des mitgeführten Nährstoffangebots und der höheren Wassertemperatur (im Sommer über 20 °C) sind die Ufer mit dichten

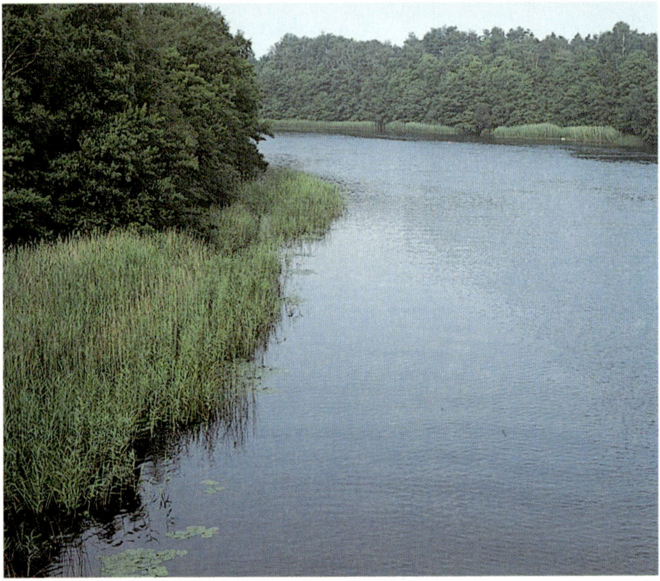

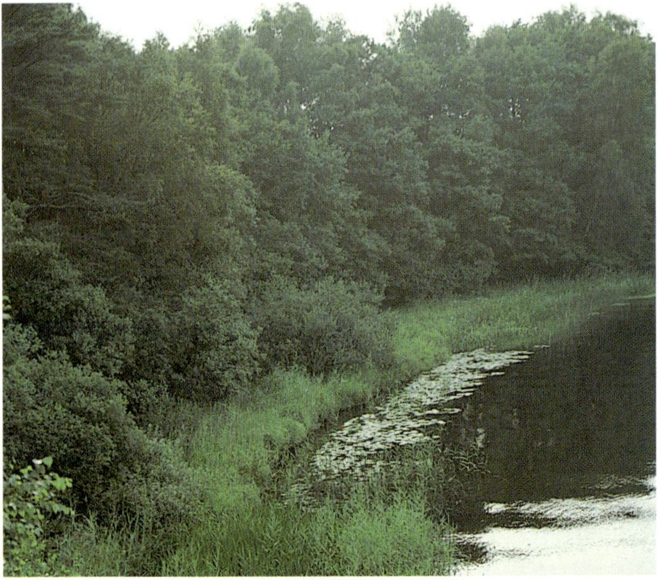

Pflanzenbeständen gesäumt (z.B. breite Schilfgürtel). Darin entwickelt sich ein artenreiches Spektrum von Fischnährtieren (Kleinkrebse, Insektenlarven, Würmer, Schnecken und Muscheln).

Der Blei (auch Brachse oder Brasse genannt) ist in diesem Abschnitt der Leitfisch. Insgesamt ist die Fischfauna dieser Region sehr artenreich. Zu den Begleitfischen gehören die Güster (*Blicca bjoerkna* L.), die Plötze (*Rutilus rutilus* L.), die Rotfeder (*Scardinius erythrophthalmus* L.), die Schleie (*Tinca tinca* L.), der Zobel (*Abramis sapa* PALLAS), die Zope (*Abramis ballerus* L.), der Aal (*Anguilla anguilla* L.), der Hecht (*Esox lucius* L.) der Wels (*Silurus glanis* L.) und der Zander (*Stizostedion lucioperca* L.). Im Einzugsgebiet der Donau lebt dort der vom Aussterben bedrohte Frauenfisch (*Rutilus pigus virgo* HECKEL). Daneben findet man hier Arten, die zum Laichen in den Oberlauf ziehen und Fische, die sich als Laichgast und als Jungfisch in dieser Region aufhalten, z.B. die Zährte (*Vimba vimba* L.), verschiedene Maränenformen (*Corgonus oxyrhynchus* L., *C. peled* GMELIN, *C. lavaretus* L.), den Wanderstint (*Os-*

merus eperlanus L.) sowie den Maifisch (*Alosa alosa* L.) und die Finte (*Alosa fallax* L.).

Die Kaulbarsch-Flunder-Region

Im Mündungsbereich ist die Fließgeschwindigkeit des Wassers stark herabgesetzt. Die Uferbereiche der oft zu breiten Strömen angewachsenen Flüsse sind flach. Das Wasser ist durch das beim Wechsel der Gezeiten einfließende Meerwasser gelegentlich salzhaltig. Unangepaßte Organismen (Süßwasserplankton) sterben ab und bilden mit den sich ablagernden Sedimenten einen nährstoffreichen Bodenschlamm. In diesem entwickeln sich zahlreiche Kleintiere, die den Fischen als Nahrung dienen. Durch das große Nahrungsangebot ist die Bestandsdichte der hier vorkommenden Fischarten oft sehr hoch.

Neben den Leitfischarten Kaulbarsch (*Gymnocephalus cernua* L.) und Flunder (*Platichthys flesus* L.) ist auch der Dreistachlige Stichling (*Gasterosteus aculeatus* L.) häufig in dieser Region anzutreffen. Weitere Begleitfische sind die Zährte (*Vimba vimba* L.) und der in weiten Teilen Europas bereits ausgestorbene Stör (*Acipenser sturio* L.). Viele anadrome Wanderarten wie Lachs (*Salmo salar* L.) und Meerforelle (*Salmo trutta trutta* L.) sowie die Flußneunaugen (*Lampetra fluviatilis* L.) und Meerneunaugen (*Petromyzon marinus* L.) halten sich

Links oben: Bleiregion eines Flusses mit typischem Pflanzenwuchs. Links unten: Uferzonierung an einem Fließgewässer. Unmittelbar auf den Röhrichtgürtel folgt die Zone der Schwimmblattpflanzen.

vor ihrem Laichaufstieg in diesem Bereich auf, um sich an das Süßwasser anzupassen. Auch die mit dem Golfstrom an die Küste Europas gedrifteten Jugendformen des Aals (*Anguilla anguilla* L.) „akklimatisieren" sich als sogenannte Glasaale im Mündungsbereich, bevor sie die Süßwasserregionen besiedeln.

Die Stehenden Gewässer

Auch die Stehenden Gewässer können aufgrund ihrer Struktur (Uferbeschaffenheit, Tiefe, Vegetation etc.) Typen zugeordnet werden, die Aussagen über das Vorkommen bestimmter Fischarten ermöglichen. Neben den natürlichen Seen, Weihern und periodisch austrocknenden Tümpeln gibt es in Europa viele von Menschen geschaffene, stehende Gewässer wie Teiche, Rückhaltebecken und Stauseen.

Die Mehrzahl der mitteleuropäischen Seen entstand am Ende der letzten Eiszeit. Ihre morphologische Beschaffenheit (Ausdehnung, Tiefe) ist sehr variabel. Auch Seen lassen sich anhand von Leitfischen bestimmten Typen zuordnen, allerdings erfolgt die Einteilung in der Literatur nicht so einheitlich wie bei den Fließgewässerregionen.

Forellensee

Dieser meist im Gebirge gelegene Seentyp ist durch steil abfallende Ufer, fehlende oder geringe Unterwasserpflanzenbestände und nährstoffarmes (oligotrophes) Wasser gekennnzeichnet. Er wird bevorzugt von Seeforelle (*Salmo trutta lacustris* L.), Bachforelle (*S. t. fario* L.), Seesaibling (*Salvelinus alpinus salvelinus* L.) und Bachsaibling (*Salvelinus fontinalis* MITSCHILL) bewohnt. Als Begleitarten kommen z.B. Elritzen (*Phoxinus phoxinus* L.), Schmerlen (*Noemacheilus barbatulus* L.), Groppe (*Cottus gobio* L.), Mairenke (*Chalcalburnus chalcoides mento* GÜLDENSTÄDT) und Perlfisch (*Rutilus frisii meidingeri* NORDMANN) vor. Diese Arten brauchen kühles, sauerstoffreiches Wasser. Im Hochgebirge (über 2000 m) gelegene Seen werden diesem Anspruch oft nicht gerecht, da sie einen großen Teil des Jahres mit Eis bedeckt sind. Forellen, die solche Seen besiedeln, wachsen langsa-

Rechts oben: Maränensee im Vorgebirge. Die Ufervegetation ist nur spärlich ausgeprägt.
Rechts unten: Forellensee im Gebirge. Das Wasser ist klar und sauerstoffreich, eine ausgeprägte Ufervegetation fehlt.

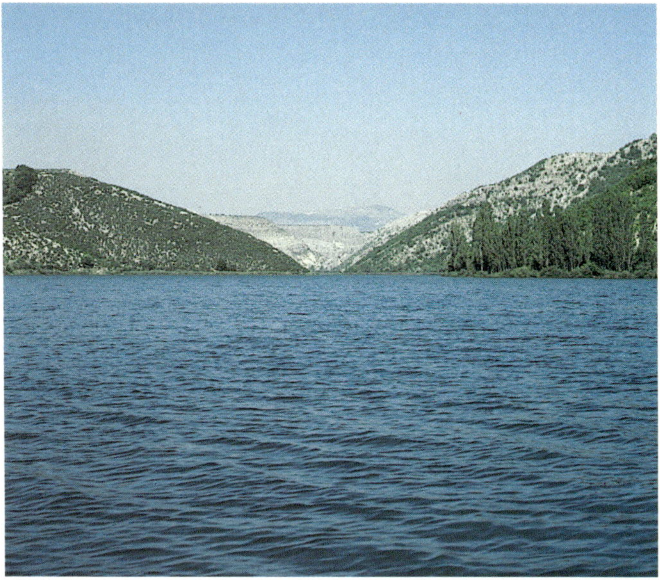

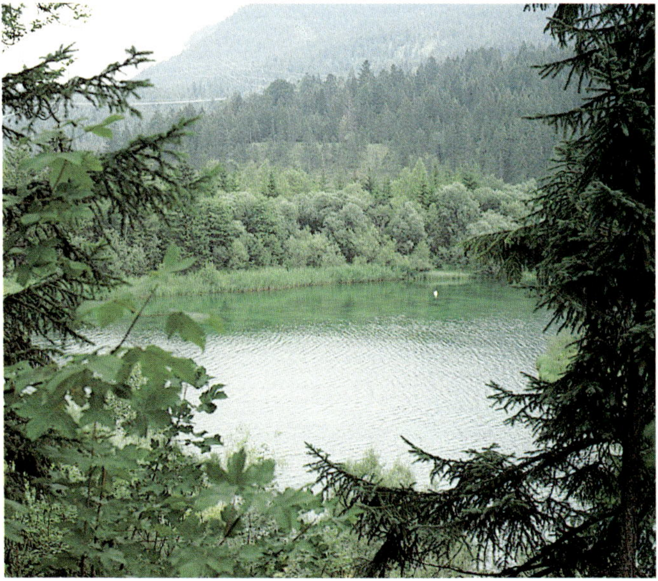

Flachlandsee mit üppiger Ufervegetation.

mer und bilden Kümmerformen (z.B. Schwarzreuterform des Seesaiblings).

Maränensee (Felchen- oder Coregonensee)

Seen dieses Typs findet man im Vorgebirge (z.B. Bodensee, Chiemsee) und im Flachland (z.B. Schaalsee). Sie weisen eine Tiefe von über 100 m und steil abfallende Ufer auf. Das Wasser ist nährstoffarm und zumindest an der Oberfläche relativ sauerstoffreich. In der schmalen Uferregion wach-

sen Ufer- und Unterwasserpflanzen. Dieser Seetyp ist durch das Vorkommen von Maränenarten (auch Felchen oder Coregonen genannt) charakterisiert, die in zahlreichen Gewässern endemische Unterarten oder Rassen ausbilden. So heißt z.B. die im Bodensee vorkommende Form der Großen Maräne (Coregonus larvaretus L.) Blaufelchen. In Norddeutschland findet man in diesem Seetyp (z.B. Arendsee) häufiger die Kleine Maräne (*Coregonus albula* L.).

Flachlandseen

Die meisten Seen des Flachlandes sind eiszeitlichen Ursprungs. Sie haben eine mittlere Tiefe von 5-20 m und ihre Uferzone ist mit dichten Pflanzenbeständen bewachsen. Die Artenzusammensetzung der Fische ist jener der Bleiregion von Fließgewässern ähnlich. Auch hier überwiegen die Karpfenfische (Cypriniden). Aus diesem Grund werden solche Seen gelegentlich als Blei- oder Brachsensee bezeichnet. Das Fischartenspektrum wird in diesen Seen in besonderem Maße von der Tiefe und dem Eintrag von Nährstoffen beeinflußt. Gelangen (z.B. von landwirtschaftlichen Nutzflächen eingeschwemmt) viele Nährstoffe in einen See (Eutrophierung), führt dies vor allem im Sommer zu einem starken Algenwachstum. Die Massenvermehrung der Algen trübt das Wasser so stark, daß kaum noch höhere Unterwasserpflanzen wachsen können. Fische, die zwischen solchen Pflanzenbeständen ihre Eier legen, finden kaum noch ausreichende Laichplätze. Hartsubstratlaicher wie der Zander (*Stizostedion lucioperca* L.) bevorzugen solche sommertrüben Seen, in denen sie leichter an ihre Beutefische herankommen (Zandersee). Der Hecht (*Esox lucius* L.) dagegen benötigt eine üppige Unterwasservegetation. Er laicht in verkrauteten Uferregionen oder auf überschwemmten Wiesen. Zwischen den Pflanzen finden die jungen Hechte Deckung, so daß sie sich gegenseitig weniger oft auffressen. Da solche Seen auch gerne von Schleien besiedelt werden, bezeichnet man sie auch als Hecht-Schlei-Seen (nach Bauch 1966).

Die Lebensbereiche der Seen

Stehende Gewässer sind Ökosysteme, die in unterschiedliche Lebensräume gegliedert sind. Man unterscheidet die Freiwasserzone (Pelagium; gr. pelagos, offene See), die Uferzone (Litoral; gr. litus, Ufer) und die Bodenregion (Benthal; gr. benthos, Meerestiefe), welche sich in flachen Bereichen mit der Uferzone überlappt. Das Benthal führt in tiefen Seen bis zur lichtlosen und daher pflanzenfreien Tiefenregion des Gewässerbodens (Profundal; gr. profundus, tief).

In der Uferzone kommt so viel Licht bis zum Gewässergrund, daß dort grüne Pflanzen wachsen können. Bei norddeutschen Seen reicht das Litoral bis in eine Tiefe von 7-11 m, in Alpenseen sogar bis 30 m. An windexponierten Stellen entsteht durch den Wechsel des Wasserstandes ein sandiges oder kiesiges Brandungsufer. Stillwasserufer

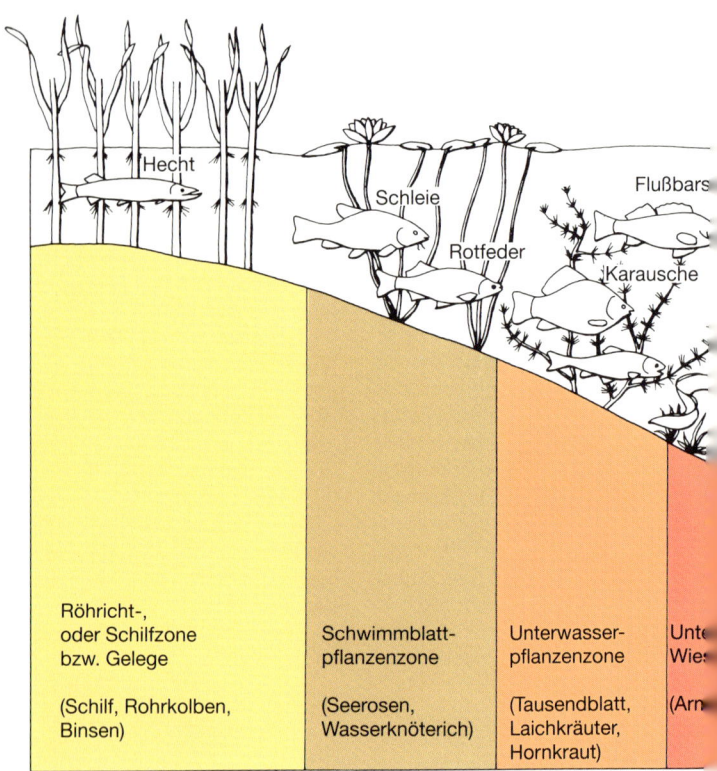

Röhricht-,
oder Schilfzone
bzw. Gelege

(Schilf, Rohrkolben,
Binsen)

Schwimmblatt-
pflanzenzone

(Seerosen,
Wasserknöterich)

Unterwasser-
pflanzenzone

(Tausendblatt,
Laichkräuter,
Hornkraut)

Unte
Wie:

(Arm

Unmittelbar am Ufer beginnt die Röhricht- oder Schilfzone, die aus submers wachsenden Pflanzen besteht. An diese schließt sich die Schwimmblattpflanzenzone an. Diese erreichen mit ihren Schwimmblättern die Wasseroberfläche. In der Unterwasserpflanzenzone gedeihen submers wachsende Pflanzen. Dort, wo das Licht für höhere Pflanzen nicht ausreichend ist, wachsen noch Armleuchteralgen, welche die sogenannten unterseeischen Wiesen bilden. In der folgenden Zone ist aufgrund der geringen Lichteinstrahlung kein Pflanzenwachstum möglich. Hier findet man häufig die Schalen abgestorbener Muscheln.

Typische Zonierung der Uferregion eines Sees und bevorzugte Aufenthaltsorte einiger heimischer Fischarten

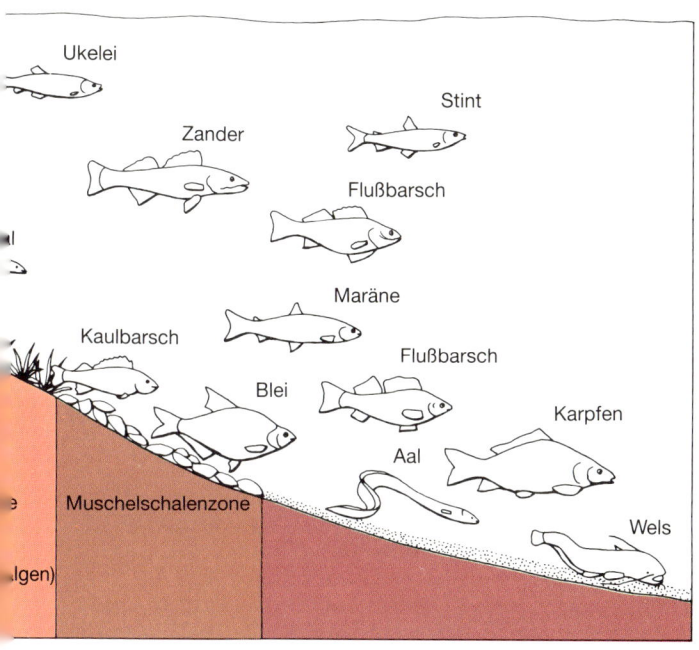

Der Hecht lauert in der Uferregion zwischen Pflanzen getarnt auf seine Beute. Rotfeder, Schleie und Karausche nutzen bevorzugt das Nahrungsangebot in der Uferregion. Stint, Maräne und Zander bewohnen überwiegend das freie Wasser. Blei, Karpfen, Wels, Aal und Kaulbarsch gehören zu den bodenorientierten Fischarten, die am Gewässergrund ihre Nahrung suchen. Der Flußbarsch bildet sogar drei, durch die jeweilige Färbung unterschiedene, ökologische Formen aus: den in der Uferregion lebenden, lebhaft gefärbten Krautbarsch, den in größerer Tiefe vorkommenden, dunklen Tiefenbarsch und den im freien Wasser jagenden Jagebarsch.

sind dagegen meist mit dichten Pflanzenbeständen bewachsen. An die jeweilige Tiefe angepaßt säumen bestimmte Arten gürtelartig die Uferregion vom Gewässerrand bis zur Tiefenzone. Im unmittelbaren Land-Wasser-Übergang befindet sich der aus emers (über die Wasseroberfläche hinaus) wachsenden Pflanzen bestehende Schilfgürtel (Phragmiton), der auch als Röhricht oder Gelege bezeichnet wird. Am häufigsten findet man hier Schilf (*Phragmites*), Binsen (*Schoenoplectus*), Seggen (*Carex*) oder Rohrkolben (*Typha*). Einige Fischarten wie die Schleie und die Rotfeder nutzen diesen Bereich als Laichplatz. In tieferen Bereichen (mehr als 1 m) folgt die Zone der Schwimmblattpflanzen (Nymphaeion), die aus semimers wachsenden Arten wie See- und Teichrosen (*Nymphaea alba* bzw. *N. lutea*), Schwimmendem Laichkraut (*Potamogeton natans*), Schild-Wasserhahnenfuß (*Ranunculus pelatus*) und Wasserknöterich (*Polygonum amphibium*) zusammensetzt ist. Bei den Arten des sich anschließenden Unterwasserpflanzengürtels (Potamion) schwimmen die Blätter weder auf der Wasseroberfläche noch wachsen sie über diese hinaus, sondern entwickeln sich submers. Typische Pflanzen dieser Region sind das Tausendblatt (*Myriophyllum*), die Wasserpest (*Elodea*), Wasserfeder (*Hottonia*) und Wasserstern (*Callitriche*). Da diese Zone eine arten- und individuenreiche Fischnährtierfauna beherbergt, liegen hier

die Weidegründe vieler Fischarten. Besonders in Seen mit klarem Wasser gibt es unterhalb der Unterwasserpflanzen die Zone der unterseeischen Wiesen, die überwiegend aus Armleuchteralgen (z.B. *Chara fragilis*) bestehen. Fischarten, die sich oft in der dicht bewachsenen Uferregion aufhalten sind Hecht (*Esox lucius* L.), Schleie (*Tinca tinca* L.), Rotfeder (*Scardinius erythrophthalmus* L.), Karausche (*Carassius carassius* L.) und Schlammpeitzger (*Misgurnus fossilis* L.)

Der Gewässerboden ist meistens mit Schlamm bedeckt. Dieser enthält viele organische Bestandteile und beherbergt zahlreiche Organismen (Insektenlarven, Muscheln, Schnecken, Rund- und Ringelwürmer), von denen sich bestimmte Fischarten wie der Blei (*Abramis brama* L.), die Güster (*Blicca bjoerkna* L.) oder die Quappe (*Lota lota* L.) ernähren.

Seen und Weiher unterscheiden sich nicht durch die Größe (ein Weiher kann größer als ein See sein) sondern dadurch, daß bei einem See die Freiwasserzone untergliedert ist. Die Sonneneinstrahlung erwärmt im Sommer das oberflächennahe Wasser. Dieses wird dadurch leichter und bildet eine nur wenige Meter dicke Schicht (Epilimnion; gr. epi, auf; limne, See), die über einer kälteren, meist sauerstoffarmen Tiefenschicht (Hypolimnion; gr. hypo, unter) liegt. Dazwischen befindet sich die durch einen sprunghaften Temperaturabfall gekennzeichnete Sprungschicht (Metalimnion;

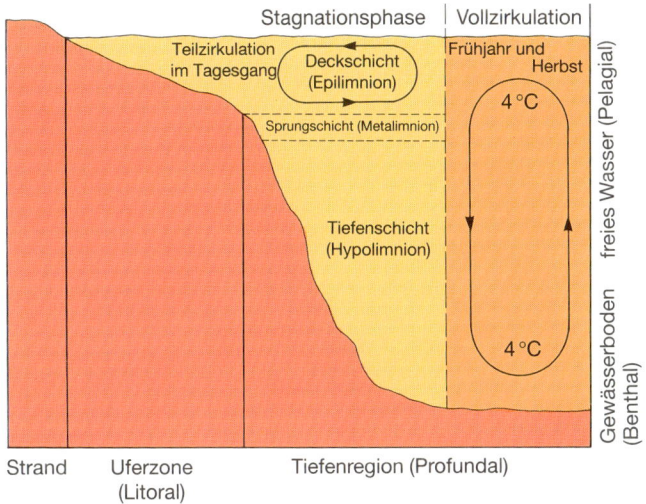

Stagnationsphase | Vollzirkulation

Teilzirkulation im Tagesgang
Deckschicht (Epilimnion)
Sprungschicht (Metalimnion)
Tiefenschicht (Hypolimnion)

Frühjahr und Herbst
4 °C
4 °C

freies Wasser (Pelagial)

Gewässerboden (Benthal)

Strand | Uferzone (Litoral) | Tiefenregion (Profundal)

In größeren Seen ist der Wasserkörper im Sommer und im Winter geschichtet. Die durch die Sonne erwärmte Deckschicht liegt durch ihr leichteres spezifisches Gewicht auf der kühleren Tiefenschicht. Dazwischen befindet sich die durch einen rapiden Temperaturabfall gekennzeichnete Sprungschicht. Nur im Frühjahr und im Herbst ermöglicht die gleichmäßige Temperatur eine Durchmischung des Wasserkörpers.

gr. meta, zwischen). Diese relativ stabile Schichtung verhindert, daß sich sauerstoffreiches Oberflächenwasser mit dem Tiefenwasser mischt (Sommerstagnation). In der Tiefenschicht hat das Wasser während des ganzen Jahres relativ konstante und niedrigere Temperaturen. Bei 4°C hat Wasser seine größte Dichte. Auch im Winter, wenn die Temperatur an der Oberfläche unter 4°C sinkt, finden deshalb keine vertikalen Umwälzungen statt (Winterstagnation). Nur im Frühjahr und im Herbst, wenn die Temperatur des ganzen Wassers bei 4°C liegt, kommt es zu Durchmischungsprozessen (Vollzirkulation), bei welchen der Tiefenschicht die Sauerstoffreserven zugeführt werden, von denen die dort lebenden Organismen den Sommer und den Winter über zehren.

Weiher

Da diese Gewässer meist nur eine geringe Tiefe aufweisen, kommt es nicht zu der oben beschriebenen Schichtung der Wassermassen. Das Sonnenlicht gelangt bis zum Gewässerboden und ermöglicht dort das Wachstum höherer Pflanzen. In Weihern und Seen, die eng mit Bäumen umwachsen sind, ist die Sonneneinstrahlung verringert. Dadurch wachsen Ufer- und Unterwasserpflanzen nur spärlich oder fehlen ganz.

Fische, die solche Gewässer besiedeln, haben sich an wechselnde Umweltbedingungen angepaßt. Je kleiner die Wassermassen in stehenden Gewässern sind, desto größer sind die Schwankungen der Wassertemperatur und damit auch des Sauerstoffgehaltes.

Zu den besonders widerstandsfähigen Arten gehören die Plötze (*Rutilus rutilus* L.), das Moderlieschen (*Leucaspius delineatus* HECKEL) und die Karausche (*Carassius carassius* L.). Deren Bestände neigen in solchen Gewässern zu Massenvermehrungen, in denen Freßfeinde wie Hecht (*Esox lucius* L.) und Zander (*Stizostedion lucioperca* L.) fehlen. Durch den entstehenden Nahrungsmangel wachsen sie nur langsam und erreichen mit geringerer Durchschnittsgröße die Geschlechtsreife und bilden Kümmerformen aus, die sogenannten Spitzplötzen bzw. Steinkarauschen.

Tümpel und Pfuhle

Kleine Wasseransammlungen, die periodisch austrocknen können, bezeichnet man als Tümpel oder Pfuhle. Sie füllen sich meist im Frühjahr nach der Schneeschmelze oder in der Nähe von Flüssen nach dem Rückgang des Hochwassers. Aufgrund ihrer geringen Tiefe, gefriert das Wasser im Winter häufig bis auf den Grund. Solche temporären Gewässer können nur von wenigen, sehr anpassungsfähigen Arten besiedelt werden. Vor allem der Schlammpeitzger (*Misgurnus fossilis* L.) die Karausche (*Carassius carassius* L.) und der Giebel (*Carassius auratus gibelio* L.) sind in der Lage, im Schlamm eingegraben das Trockenfallen des Gewässers zu überdauern. Ihr Stoffwechsel kann sich an geringe Sauerstoffkonzentrationen in der Umgebung anpassen. Im Einzugsgebiet der Donau findet man in kleinen Tümpeln auch den Hundsfisch (*Umbra krameri* L.). Er kann bei niedrigem Sauerstoffangebot im Wasser zusätzlich über die Schwimmblase atmen.

Einheimische Süßwasserfische
im Aquarium

Die einheimische Fischfauna ist in der Aquaristik oftmals unterrepräsentiert, obwohl einige Vertreter, was Farbenpracht oder interessante Verhaltensweisen betrifft, durchaus mit tropischen Fischarten konkurrieren können. Dies hat vorrangig zwei Ursachen. Zum einen wird die Mehrzahl der heimischen Fischarten zu groß, um langfristig in Zimmeraquarien gehalten werden zu können, zum anderen ist es technisch einfacher ein Aquarium zu heizen als es zu kühlen. Die Anpassung einheimischer Fische an niedrigere Wassertemperaturen geht mit einem erhöhten Sauerstoffbedarf einher. Je wärmer Wasser wird, desto weniger Sauerstoff kann sich in ihm lösen. Die Erfahrungen von Aquarianern, die sich mit der Haltung und Nachzucht einheimischer Fischarten beschäftigen, zeigen aber, daß die Mehrzahl dieser Arten Temperaturen vertragen, die deutlich über denen in den natürlichen Gewässern liegen. Haben die Fische genug Zeit, sich an erhöhte Temperaturen anzupassen und wird das Wasser im Aquarium ausreichend gefiltert und belüftet, überstehen die meisten Arten unbeschadet auch temporäre Erwärmungen über 20°C. Wenn an heißen Sommertagen die Wassertemperatur im Aquarium extrem (30°C oder darüber) steigt, kann einem Massensterben durch Kühlung mit Eis begegnet werden. Normale Eiswürfel in einer Plastiktüte (wie beim Fischkauf verwendet) ins Aquarium gegeben bzw. ein Teilwasserwechsel mit kaltem Leitungswasser verhindern in der Regel größere Verluste.

Überwinterung

Den Winter überdauern die Fische in unseren Breitengraden in einer Winterruhe, bei der die Nahrungsaufnahme eingestellt und der Stoffwechsel auf „Sparflamme" gestellt wird. Für die Vitalität und Nachzucht einheimischer Fischarten ist eine dem natürlichen Lebensrhythmus entsprechende Winterruhe unerläßlich. Hierfür werden die Fische im November in ein Aquarium überführt, in dem die Temperatur bis auf 4°C absinken kann. Zweckmäßigerweise stellt man dieses Aquarium im Keller oder auf dem Balkon auf. Ein im Becken befindlicher und entsprechend eingestellter Heizstab gewährleistet, daß die Temperatur nicht unter 4°C sinkt und das Wasser nicht gefriert. Zur Wärmeisolation und Abdunkelung umgibt man das Aquarium mit Styroporplatten oder Kunststoffmatten. Ein an eine Pumpe angeschlossener Ausströmerstein sorgt für eine ausreichende Belüftung. Während des 3-4monatigen „Winterschlafs" liegen die Fische träge am Boden und müssen nicht gefüttert werden. Wühlende Fischarten wie z. B. Schleien benötigen eine 10-20 cm hohe Sandschicht, in die sie sich eingraben können.

Beschaffung

Für den Laien ist es kaum vorstellbar, daß heimische Fischarten oft schwerer zu beschaffen sind als aus den entferntesten Ecken der Welt stammende Exoten. In Zoofachgeschäften werden zwar einige Kaltwasserfische angeboten, doch kommen diese meist aus den gemäßigten Zonen anderer Kontinente. So sieht man dort regelmäßig Katzenwelse und Sonnenbarsche aus Nordamerika oder aus Asien importierte Bitterlinge. Sich mit einer Angel oder anderen Fischfanggeräten ausgestattet in heimischen Gewässern „selbst zu bedienen" ist nur möglich, wenn man über die entsprechenden Genehmigungen verfügt (z. B. Fischereischein und Angelerlaubnis) und die bestehenden Artenschutzbestimmungen beachtet (!). Die Entnahme von geschützten Fischarten hat in jedem Fall zu unterbleiben. Es gibt aber eine Reihe von Quellen, über die einheimische Fische für die Haltung in Aquarien bezogen werden können. Zunächst einmal empfiehlt es sich, die in der Umgebung befindlichen Zoofachgeschäfte und Angelläden aufzusuchen. Selbst wenn diese keine (oder nicht die gewünschten) einheimischen Fische in ihrem Angebot führen, erhält man dort möglicherweise die Adressen von Aquarianern, Züchtern, Anglern, Anglervereinen oder Geschäften, welche diese beschaffen können. Darüber hinaus bieten auch Geschäfte, die sich auf den Verkauf von Gartenteichen und Zubehör spezialisiert haben, gelegentlich heimische Fische für deren Besatz an. Eine Anfrage bei den zuständigen Fischereibehörden (Fischereiamt) oder -instituten kann bei der Suche nach bestimmten Fischen ebenfalls hilfreich sein. In Aquarien- und Anglerzeitschriften befinden sich häufig Anzeigen, in denen Nachzuchten bzw. Besatzfische für gepachtete Gewässer angeboten werden. Hier sollte man sich vorher telefonisch über die Preise, Abnahmemengen und Versandbedingungen erkundigen.

Das Aussetzen von Aquarienfischen

Viele Aquarianer setzen, in dem Glauben etwas Gutes zu tun, die von ihnen gehaltenen Fische in nahe gelegene Gewässer aus. Auf diese Weise gelangten eine Reihe nicht einheimischer (allochthone) Fischarten in unsere Gewässer und führten dort zu einer Faunenverfälschung. So vermehren sich z.B. Zwerg- oder Katzenwelse in einigen Seen so stark, daß sie heimische Arten in ihrem Bestand gefährden. Aber selbst wenn es sich bei den ausgesetzten Fischen um einheimische Arten handelt, birgt dieses Verhalten eine Reihe von Gefahren in sich. Fischarten wie Groppe, Schmerle, Quappe, Forelle und Hecht bilden oft Populationen, die für ein Gewässer oder ein bestimmtes Gebiet typische Merkmale aufweisen. Aus anderen Gebieten stammende, ausgesetzte Artgenossen können die Ausprägung dieser Merkmale verändern. Weiterhin können sich im Aquarium gehaltene Fische mit Krankheiten infiziert oder Parasiten aufgenommen haben, die sie dann in das Gewässer tragen. Aufgrund der ökologischen Risiken, die mit dem Aussetzen nicht einheimischer oder gebietsfremder Tiere verbunden sind, wurde es gesetzlich verboten. Das Aussetzen von Fischen ist selbst dann problematisch, wenn diese aus demselben Gebiet stammen oder keine regional unterschiedlichen Merkmale aufweisen. So ist es fraglich, ob über einen längeren Zeitraum im Aquarium gehaltene und daran angepaßte Fische die wiedergewonnene Freiheit überleben.

Der Transport von Fischen

Der Transport verursacht bei den Fischen Streß. Der dadurch erhöhte Sauerstoffbedarf äußert sich in heftigen Atembewegungen. Damit die Fische beim Transport nicht ersticken, sollten die benutzten Behälter oder Plastiktüten ausreichend Wasser und Luft fassen. Die für den Gasaustausch zur Verfügung stehende Wasseroberfläche sollte möglichst groß sein. Deshalb eignen sich flache Behälter besser.

Je länger der Transport dauert, desto größer sollte die mitgeführte Wassermenge sein. 1-2 Liter Wasser pro cm Fischlänge sind bei entsprechender Belüftung für einige Stunden ausreichend. Größere Temperaturschwankungen vermeidet man, indem man die Plastiktüten mit Zeitungspapier umwickelt oder in Kühlboxen transportiert. Im Dunkeln verhalten sich die transportierten Fische darüber

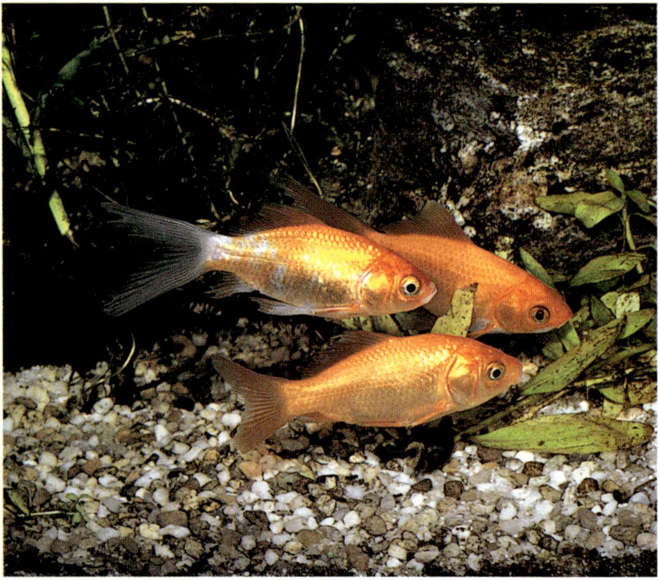

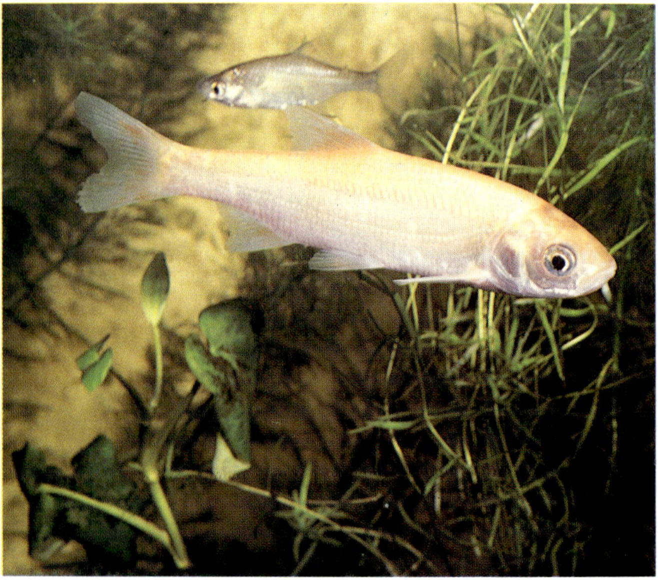

hinaus ruhiger und verbrauchen weniger Sauerstoff. Die Verwendung von speziellen Beruhigungs- oder Betäubungsmittel sollte

Personen vorbehalten sein, die über entsprechende Sachkenntnisse verfügen.

Das Aquarium

Größe

Das Fassungsvermögen des Aquariums hängt von der Größe und der Anzahl der darin gehaltenen Fische ab. Generell gilt: Je größer, desto besser. Nur wenn ausreichender Schwimmraum zur Verfügung steht, können die Pfleglinge ihre arttypischen Verhaltensweisen entfalten. Organische Abfallprodukte belasten durch ihre sauerstoffzehrende Wirkung die Wasserqualität. Mit steigendem Wasservolumen verringert sich für die Beckeninsassen die Gefahr, in Sauerstoffnot zu geraten.
Bei der Berechnung der Beckengröße sollten pro cm Fischlänge mindestens 2-3 Liter Wasser als Lebensraum eingeplant werden. Dabei ist zu berücksichtigen, daß

ein Teil des Fassungsvermögens vom Bodengrund eingenommen wird. In einem 100 l Aquarium könnten dementsprechend 6 Stichlinge mit je 5 cm Länge gehalten werden (5 cm x 6 x 3 l = 90 l + 10 l für den Bodengrund). Ausdauernde Schwimmer benötigen noch größere Wassermengen. Bei ihnen ist außerdem darauf zu achten, daß der zur Verfügung stehende Beckenraum nicht durch Dekorationsmaterial aufgeteilt wird.
Für die Nachzucht von Bitterlingen, Stichlingen u.ä. Kleinfischen benötigt man gegebenenfalls mehrere kleinere Aquarien, die man auch zur Überwinterung nutzen kann. Das Aquarium sollte an einem kühlen Ort stehen. Man kann ein Aquarium in der Nähe eines Fensters aufstellen und auf eine künstliche Beleuchtung verzichten, wenn darin keine Pflanzen mit hohem Lichtbedarf gehalten werden. Allerdings darf sich das Becken bei direkter Sonneneinstrahlung nicht zu stark aufheizen (günstig ist ein nach Norden oder Osten gerichtetes Fenster). Wird das Aquarium künstlich beleuchtet, müssen die heute üblicherweise verwendeten Leuchtstoffröhren- bzw. Quecksil-

Links oben: Beim Goldfisch gibt es mehrere Zuchtformen, die sich in Form und Färbung unterscheiden. Häufig angeboten wird der Schleierschwanz.
Links unten: Die Goldorfe wird oft mit dem Goldfisch verwechselt; sie ist aber eine Zuchtform des Alands.

berdampflampen in ausreichendem Abstand zur Wasseroberfläche angebracht werden, um eine übermäßige Erwärmung des Wassers zu vermeiden.

Filterung, Belüftung und Wasserwechsel

Die Selbstreinigungskraft des Wassers ist in Aquarien wegen der meistens hohen Besatzdichten nicht groß. Um den Pfleglingen dennoch einen angemessenen Lebensraum zu verschaffen, muß das Wasser gefiltert werden. Auf dem Filtermaterial (Filterwatte, Kies u.ä.) siedeln sich Bakterien an, die organische Abfallprodukte (hauptsächlich Eiweißverbindungen) abbauen. Der Wasserdurchfluß versorgt die „Filterbakterien" mit Sauerstoff und sorgt für die Umwälzung des Wasserkörpers. Für „Kaltwasseraquarien" eignen sich die im Handel angebotenen Innen- und Außenfilter. Da für die Haltung vieler einheimischer Fischarten ein feinkörniger Boden benötigt wird, muß von Bodenfiltersystemen abgeraten werden. Sie verstopfen mit der Zeit. Eine zusätzliche Belüftung mit Hilfe einer Membranpumpe, die Luft über einen Ausströmerstein in das Aquarium pumpt, begünstigt den Gasaustausch mit der Luft und sorgt zusätzlich für eine Umwälzung des Wassers.

Beim Betrieb eines Aquarium verdunstet natürlich kontinuierlich Wasser. Dieses ist in regelmäßigen Abständen zu ergänzen. Da aber nur chemisch reines Wasser verdunstet, bleiben die gelösten Salze im Aquarium zurück und führen zu einer Erhöhung der Wasserhärte. Darüber hinaus gelangen über das Futter ständig Nährstoffe in das Wasser. Um zu verhindern, daß sich die Wasserhärte durch ergänztes Leitungswasser ständig erhöht und eingebrachte Nährstoffe die Wasserqualität zunehmend belasten, muß regelmäßig ein Teilwasserwechsel durchgeführt werden. Dabei ist es empfehlenswert wöchentlich etwa ¼ des Beckeninhaltes durch frisches Leitungswasser auszutauschen. Ein regelmäßiger Wechsel kleinerer Wassermengen verringert die Gefahr, daß sich größere Schwankungen der Wasserwerte nachteilig auf die Fische und Pflanzen auswirken. Außerdem sind beim Wasserwechsel Temperaturschwankungen zu vermeiden, indem das frische Wasser entsprechend temperiert wird. In vielen Gebieten wird das Leitungswasser mit Chlor behandelt, um Keime abzutöten. Das für Fische und Pflanzen giftige Chlor muß vor dem Wasserwechsel entfernt werden. Es genügt, das Leitungswasser über eine Brause in einen Eimer zu füllen und 1-2 Tage abstehen zu lassen.

Bodengrund

Der Bodengrund hat in einem Aquarium mehrere Funktionen. Er vergrößert die Siedlungsfläche für Bakterien, Pilze und Algen, die auf dem Sand oder Kies organische Substanzen abbauen und so auch zur Filterung beitragen. Außerdem verankern sich die Pflanzen mit ihren Wurzeln darin. Im Gegensatz zu den Landpflanzen nehmen Wasserpflanzen die Nährstoffe nicht mit den Wurzeln sondern in gelöster Form über die Blätter auf. Viele Fischarten suchen am und im Boden nach Nahrung. Die Art des Bodengrundes ist dementsprechend von den im Aquarium gehaltenen Fischen abhängig. Man orientiert sich am besten an der Beschaffenheit des Grundes in den Gewässern, die sie in der Natur besiedeln. Steinbeißer, Schlammpeitzger und Aale benötigen eher feinkörnigen Grund (Sand), in dem sie sich einwühlen und verstecken können. Güstern, Bleie und Karpfen nehmen bei der Nahrungssuche mit ihrem ausstülpbaren Maul Grund auf und durchkauen ihn nach eßbaren Partikeln. Deshalb sollte bei ihrer Haltung der Grund aus Sand oder feinkörnigem Kies bestehen. Für Fische aus schnell fließenden Gewässern mit Stein- oder Kiesgrund, wie Forellen, Schmerlen oder Barben, empfielt sich die Verwendung von Kies.

Beim Einrichten des Aquariums sollte der eingebrachte Bodengrund vorher gründlich mit Leitungswasser gewaschen werden. Die Zugabe von Blumenerde ist bei Kaltwasseraquarien nicht sinnvoll. Die dadurch eingetragenen Nährstoffe mindern die Wasserqualität und fördern Fäulnisprozesse im Boden. In Süßwasseraquarien sammelt sich in den Ecken und zwischen den Pflanzen häufig Mulm. Es handelt sich dabei um braune Flocken, die bei Stoffwechselprozessen von Bakterien entstehen. Der Mulm sollte bei dem regelmäßig durchzuführenden Teilwasserwechsel mit einem Schlauch abgesaugt werden.

Beleuchtung

Um das Wachstum und die Vermehrung von Wasserpflanzen mit hohem Lichtbedarf zu gewährleisten, kann bei der Aufstellung eines Aquariums auf eine künstliche Beleuchtung nicht verzichtet werden, da das durch das Fenster dringende Licht nicht ausreicht. Das Licht liefert den Pflanzen die Energie, mit der sie ihren Stoffwechsel bestreiten. Die Umwandlung von Lichtenergie in chemische Energie geschieht bei Pflanzen über die Photosynthese. Dabei entsteht Sauerstoff, den sie tagsüber an das Wasser abgeben. Im Dunkeln können sie keinen Sauerstoff produzieren. Folglich entnehmen sie nachts den für die Atmung benötigten Sauerstoff dem Wasser. Auch die Fische benötigen Licht, um ihre natürlichen Aktivitätsrhythmen einzuhalten. Tagaktive Arten ruhen in der Dunkelheit, dämmerungs- und nachtaktive Arten wie Aal, Wels und Schmerle dagegen tagsüber.

Der Handel bietet eine Vielzahl von Beleuchtungstypen an. Für Kaltwasseraquarien sind nur solche geeignet, die wenig Wärme abstrahlen. Glühbirnen sind unzweckmäßig, da sie einen großen Teil der Energie in Form von Wärme abgeben. In der Aquaristik haben sich die Leuchtstoffröhren durchgesetzt. Sie geben nur relativ wenig Wärme ab und die angebotenen Typen können den Bedürfnissen der Pflanzen entprechend kombiniert werden. Für ihr Wachstum benötigen Pflanzen vor allem den roten und blauen Farbanteil des Lichtes. Grün wird reflektiert (daher die Farbe der Pflanzen). Es gibt Röhren, die besonders diese Farben abstrahlen (ihr Licht erscheint violett). Sie werden unter der Bezeichnung Gro-Lux angeboten. Ein Aquarium sollte aber nicht ausschließlich mit Gro-Lux Röhren beleuchtet werden. Das Licht erscheint dunkel und verfälscht die Farben der Fische. Durch die Kombination einer Gro-Lux Röhre mit einer Weißlicht bzw. Tageslichtröhre läßt sich das weitgehend verhindern. Diese Kombination wird auch den Ansprüchen der meisten Wasserpflanzen gerecht. Die Leuchtstoffröhren sollten so lang sein, daß sie das ganze Bekken hinreichend ausleuchten. Bei einem 1 m langen Aquarium sind z. B. 90 cm lange Leuchtstoffröhren angemessen. Die Intensität des vom jeweiligen Röhrentyp abgegebenen Lichtes ist bei Aquarien mit durchschnittlicher Höhe für die meisten Wasserpflanzen ausreichend. Das Aquarium sollte täglich 10-12 Stunden beleuchtet werden.

Die im Handel angebotenen Aquarienleuchten (meist mit zwei Röhren) eignen sich ebenso wie selbstgebaute. Bei letzteren ist darauf zu achten, daß sie hinreichend gegen Spritzwasser isoliert sind. Die Lichtausbeute kann durch das Auskleiden der Innenwände mit Alufolie wesentlich erhöht werden. Die Beleuchtung sollte mindestens 10 cm über der Wasseroberfläche befestigt sein, damit sich das Wasser nicht zu stark erwärmt.

Bepflanzung

Pflanzen erfüllen in der Natur und im Aquarium viele biologische Funktionen. Unter Lichteinwirkung geben sie den lebensnotwendigen Sauerstoff ab. Sie dienen den Fischen als Laichsubstrat und Versteckmöglichkeit. Auf ihrer Oberfläche wachsen viele kleine Organismen (Aufwuchsorganismen wie Algen, Einzeller, Pilze, Rotatorien usw.), von denen sich besonders Jungfische ernähren. Durch ihre vergrößerte Oberfäche fungieren sie auch als Wasserfilter. Pflanzen wandeln die im Wasser befindlichen Nährstoffe in Biomasse um und wirken so dem Wuchs unerwünschter Algen entgegen. Weiterhin sind sie in der Lage, zahlreiche Schadstoffe abzubauen, die die Gesundheit der Fische beeinträchtigen können. Bisher noch relativ unbekannt ist die Tatsache, daß einige Pflanzenarten (z. B. *Myriophyllum*) auch Substanzen abgeben, die das Wachstum von Bakterien hemmen. Für Aquarianer ist nicht zuletzt die dekorative Wirkung der Pflanzen von Bedeutung. Submers (unter der Wasseroberfläche) wachsende Wasserpflanzen sind für die Haltung im Aquarium besser geeignet als emers (auch über die Wasseroberfläche hinaus) wachsende Sumpfpflanzen. Letztere haben sich an die Besiedelung der unmittelbaren Uferzone (z. B. Schilf) angepaßt. Bei ihnen dienen die Wurzeln nicht nur der Verankerung, sie entnehmen über diese die benötigten Nährstoffe aus dem Boden. Obwohl sie auch vollständig untergetaucht wachsen können, gedeihen sie in der Regel in Aquarien schlechter als echte Wasserpflanzen.

Bei der Einrichtung eines Aquariums mit einheimischen Fischen sind die im Handel angebotenen Wasserpflanzen aus tropischen Regionen weniger geeignet, da sich ihre Ansprüche an die Wassertemperatur häufig nicht mit denen der heimischen Fische decken. Deshalb sollten nur typische Kaltwasserpflanzen verwendet werden. Unter den einheimischen Wasserpflanzen gibt es eine Reihe von Arten, die in Aquarien gedeihen. Sie sind aber in der Regel anspruchsvoller als die Arten, die eigens für die Haltung in Aquarien gezüchtet werden. Darüber hinaus sind einige europäische Wasserpflanzenarten aufgrund des langen Winters in unseren Breiten einjährig, d. h. sie entfalten ihre dekorative Blätterpracht nicht das ganze Jahr über. Einige Arten sterben am Ende einer Vegetationsperiode, bilden aber vorher Samen, die im nächsten Jahr keimen. Andere verlieren nur ihre grünen Teile und überwintern in Form von Wurzelknollen, Rhizomen oder Winterknospen. Will man das Aquarium ganzjährig bepflanzen, muß man sich auf die wenigen wintergrünen Arten beschränken.

In Zoofachgeschäften werden einheimische Pflanzenarten nur selten angeboten. Am einfachsten lassen sie sich über Gärtnereien erwerben. Auch auf den Verkauf von Gartenteichen und Zubehör spezialisierte Geschäfte führen häufig einheimische Pflanzen in ihrem Sortiment. Viele Aquarianer bepflanzen Kaltwasseraquarien mit Arten, die den einheimischen ähnlich sind und entsprechende Temperaturansprüche haben, jedoch aus anderen Regionen der Erde stammen (z. B. aus Nordamerika). Möchte man in einem Aquarium einen bestimmten Lebensraum nachahmen, empfiehlt es sich, nur Pflanzen und Fische aus einem Biotop einzusetzen (Biotopaquarium). So passen z. B. zu Fischen aus der Forellenregion (Bachforelle, Schmerle, Groppe und Elritze) das Quellmoos (*Fontinalis antipyretica*) und der Gemeine Wasserstern (*Callitriche palustris*), zu Fischen der Äschenregion hingegen (Äsche, Döbel, Strömer und Schneider) der Flutende Hahnenfuß, die Bachbunge und die Kanadische Wasserpest.

Um die Auswahl bzw. die Nachfrage zu erleichtern, werden einige heimische Wasserpflanzen vorgestellt, die sich realtiv einfach in Kaltwasseraquarien kultivieren lassen:

Armleuchteralgen (*Nitella*-Arten) Die Gattung Nitella gehört zu den Grünalgen. Sie umfaßt zahlreiche Arten und ist in Europa, Amerika und Asien verbreitet. Als submers wachsende Wasserpflanzen besiedeln sie stehende und langsam fließende Gewässer. Im Aquarium benötigen sie viel Licht, stellen aber geringe Ansprüche an die Wasserqualität. Als typische Kaltwasserpflanzen gedeihen sie bei Wassertemperaturen über 12 °C nur schlecht. Zum Winter hin gehen sie ein.

Quellmoos (*Fontinalis antipyretica*) Das Quellmoos ist in den nördlichen gemäßigten Zonen verbreitet und kommt in der Natur in fließenden und stehenden Gewässern vor. Es hat keine echten Wurzeln und haftet mit sog. Rhizoiden auf Steinen und Wurzeln. Die länglich ovalen, spitz zulaufenden und stark gefalteten Blätter sind dunkelgrün gefärbt. Da es recht anspruchslos und wintergrün ist, eignet es sich hervorragend zur Bepflanzung von Kaltwasseraquarien, d. h. es verträgt Temperaturen von 4° bis 18 °C. Bei der Haltung ist auf einen regelmäßigen Teilwasserwechsel und eine Umwälzung des Wassers zu achten. Quellmoos eignet sich besonders gut als Laichsubstrat und Versteck für Jungfische.

Sternlebermoosgewächse (Ricciaceae) Lebermoose sind weltweit verbreitet. In Europa kommt z. B. das Flutende Teichlebermoos (*Riccia fluitans*) im Uferbereich stehender und langsam fließender Gewässer vor. Die hellgrün gefärbten und stark verzweigten Pflanzen bilden dichte, an der Wasseroberfläche schwimmende Polster (submers). In Aquarien eingebracht dämpfen sie die Lichteinstrahlung und bieten gute Unterschlupfmöglichkeiten für Fischbrut. Sternlebermoosgewächse gedeihen bei ausreichendem Licht- und Nährstoffangebot und bei einer Wassertemperatur von 12-18 °C.

Hornkraut (*Ceratophyllum*-Arten) Diese weltweit verbreiteten submers wachsenden Wasserpflanzen sind durch ihre feingliedrigen, gegabelten und quirlig stehenden Blätter gekennzeichnet. Sie bilden keine richtigen Wurzeln und sind sehr zerbrechlich. Die in unseren Breiten beheimateten Arten, das Rauhe Hornkraut (*Ceratophyllum demersum*) und das Glatte Hornkraut (*Ceratophyllum submersum*) leben häufig in stehenden und fließenden Gewässern. Sie sind sehr anpassungsfähig und lassen sich besonders gut in Aquarien halten und vermehren. Die Wassertemperatur sollte bei 10-25 °C liegen.

Laichkräuter (*Potamogeton*-Arten) Die Laichkräuter sind in Europa mit zahlreichen Arten vertreten. Ein Teil von ihnen steht in

Deutschland unter Naturschutz! Da sie sehr viel Licht benötigen, sind sie nur für gut beleuchtete Aquarien geeignet. In nährstoffreichen Gewässern mit sandigem oder schlammigem Grund lebt das Krause Laichkraut *(Potamogeton cripus)*, das bei zu schwacher Beleuchtung zerfällt. Bei der Haltung von Potamogeton-Arten sind häufige Teilwasserwechsel erforderlich.

Wasserpest *(Elodea canadensis)* Diese submerse Wasserpflanze stammt ursprünglich aus Nordamerika und wurde bereits im letzten Jahrhundert in Europa eingeschleppt. An die Aquarienhaltung angepaßte Formen werden häufig im Handel angeboten. Sie benötigt viel Licht, stellt aber nur geringe Ansprüche an die Wasserqualität. Als wintergrüne Pflanze sehr empfehlenswert. Die Wasserpest gedeiht bei Temperaturen von 12-25°C.

Tausendblatt *(Myriophyllum-Arten)* Zahlreiche *Myriophyllum*-Arten sind in gemäßigten und tropischen Breiten beheimatet. Viele Arten sind als Aquarienpflanzen verbreitet. In Europa sind zwei in stehenden Gewässern vorkommende Arten für die Aquarienhaltung geeignet, das Quirlblütige Tausendblatt *(Myriophyllum verticillatum)* und das Ährige Tausendblatt *(Myriophyllum spicatum)*. Beide Arten wachsen submers, benötigen sehr viel Licht und sind aufgrund ihrer feinfiedrigen Blät-

ter empfindlich gegenüber Mulm und Algen. Normalerweise sind die Tausendblattgewächse nicht wintergrün. Bei entsprechender Gewöhnung gehen sie jedoch auch im Winter nicht zurück. Wassertemperatur 12-20°C.

Wasserfeder *(Hottonia palustris)* Die auch als Wasserprimel bezeichnete Art gehört zu den Schlüsselblumengewächsen. Sie wächst submers in seichten, stehenden Gewässern. Ihre Blüten ragen über die Wasseroberfläche hinaus. Sie ist relativ selten und steht in Deutschland unter Naturschutz! Leider ist es nicht einfach, sie über den Handel zu beziehen. Diese schöne Wasserpflanze gedeiht im Aquarium nur bei starker Beleuchtung und geringer Wasserhärte (unter 10° dGH, deutsche Gesamthärte). Nicht wintergrün. Wassertemperatur 12-20°C.

Brunnenkresse *(Nasturtium officinale)* Die weltweit vorkommende Brunnenkresse bildet submers und emers wachsende Formen. Sie besiedelt die Uferregion fließender Gewässer mit sandigem Grund und wird bis zu einem halben Meter lang. Bei der Haltung im Aquarium ist darauf zu achten, daß diese Pflanze viel Licht, eine starke Wasserumwälzung und einen nährstoffreichen Boden benötigt. Die Brunnenkresse ist wintergrün.

Bachbunge *(Veronica beccabunga)* Diese auch als Bachehrenpreis bezeichnete Pflanze bildet submers und emers wachsende Formen. Sie bewohnt amphibisch die Uferregion fließender Gewässer. Im Aquarium braucht sie viel Licht, klares Wasser und einen nährstoffreichen Bodengrund. Am besten gedeiht sie bei Wassertemperaturen unter 18°C.

Sumpfschraube (Vallisneria spiralis) *Vallisneria*-Arten sind weltweit verbreitet und gehören zu den häufigsten Aquarienpflanzen. Sie wachsen submers und sind an den langen, schmalen Blättern (bis 60 cm lang und 3-8 mm breit) leicht zu erkennen. Die aus Südeuropa stammende Art *Vallisneria spiralis* wird regelmäßig im Handel angeboten. Es gibt männliche und weibliche Pflanzen. Aufgrund ihrer Anpassungsfähigkeit ist diese wintergrüne Art sehr für die Haltung in Aquarien zu empfehlen. Wassertemperatur 4-25°C.

Ludwigia *(Ludwigia palustris)* *Ludwigia*-Arten sind weltweit verbreitet. Neben der aus Südeuropa stammenden Art *Ludwigia palustris* eignet sich auch die in Nordamerika beheimatete *Ludwigia repens* für Kaltwasseraquarien. In der Literatur wird auch eine Kreuzung beider Arten beschrieben, die unter dem Namen *Ludwigia mullertii* angeboten wird. Alle *Ludwigia*-Arten benötigen viel Licht, stellen jedoch keine hohen Ansprüche an die Wasserqualität. Obwohl sie zu den emersen Sumpf-

pflanzen gehören, gedeihen sie auch ausschließlich unter Wasser wachsend. Wassertemperatur 12-22°C.

Teichrosen (*Nuphar*-Arten)
Von den in gemäßigten Zonen verbreiteten *Nuphar*-Arten ist die heimische Gelbe Teichrose *(Nuphar luteum)* am bekanntesten. Sie wächst in nährstoffreichen Seen und Teichen. In Deutschland steht sie unter Naturschutz! Im Handel werden jedoch häufig Sämlinge und kleine Wurzelstöcke angeboten. Die Gelbe Teichrose wächst submers, bildet aber an der Wasseroberfläche schwimmende Blätter. Eine Beleuchtungsdauer unter 12 h täglich und die Verwendung von Licht mit hohem Rotanteil begünstigen unter Aquarienbedingungen die Ausbildung von Unterwasserblättern. Teichrosen benötigen nährstoffreiches Wasser und viel Licht. Sie sind nicht wintergrün und nur für hohe Aquarien geeignet. Wassertemperatur 12-25°C.

Nadelsimse *(Elocharis acicularis)* Diese auch außerhalb Europas verbreitete emerse Sumpfpflanze wächst in der Uferregion stehender und langsam fließender Gewässer. Ihre nadeldünnen Blätter werden bis 10 cm lang. Als wintergrüne Art bildet sie in gut beleuchteten Aquarien mit weichem Wasser dichte, dekorative Bestände. Die Wassertemperatur sollte zwischen 4-22°C liegen.

Haltung und Zucht heimischer Fischarten

Dieses Thema ist zu umfangreich, um hier vollständig abgehandelt werden zu können. Die wichtigsten Informationen sind jedoch in der folgenden Tabelle zusammengefaßt. Wer sich eingehender mit Haltung und Zucht einheimischer Fische beschäftigen möchte, sollte unbedingt zusätzliche Fachliteratur zu Rate ziehen (z. B. „Haltung einheimischer Fische im Aquarium" von Dieter Tönsmeier).

Fischart	Mindest-becken-größe	Tempe-ratur-bereich	Futter	Grund	Sonstiges
...achneunauge	80 l	bis 18°C	Tu, W, Tr.	feiner Sand	Fluß- und Meerneunauge werden für Aquarien zu groß. Erwachsen ernähren sie sich von anderen Fischen.
...erlet	100 l	10-20°C	Tu, W, M R, Tr.	feinkörniger Kies	Eignet sich nicht für ein Gesellschaftsbecken (Nahrungskonkur--renz), benötigt viel Schwimmraum. Nachzucht kaum möglich.
...achforelle	100 l	10-15°C	F, R, M, Fl, Tr.	Kies	Starke Filterung, Abdeckung (springt gern) und häufiger Wasserwechsel sind notwendig. Schwarmfisch.
...egenbogen-...relle	100 l	10-18°C	F,R,M,Fl Tr.	Kies	Starke Filterung, Abdeckung (springt gern) und häufiger Wasserwechsel sind notwendig. Schwarmfisch.
...aränen-...rten	150 l	10-18°C	W, M, Tr.	Kies oder Sand	Schwarmfisch, der viel Schwimmraum und deshalb nur eine spärliche Bepflanzung benötigt. Nachzucht kaum möglich.
...sche	200 l	10-15°C	W, M, R, ln, Tr.	Kies oder Sand	Starke Filterung und Wasserumwälzung . 2-3 Exemplare sollten zusammen gehalten werden. Nachzucht kaum möglich.
...arbe	200 l	10-18°C	M, R, M, Tr.	Kies	Geselliger Friedfisch, der viel Schwimmraum und Versteckmöglichkeiten benötigt. Häufiger Wasserwechsel wünschenswert.
...öbel	150 l	10-20°C	W, M, Fl Fi, Tr.	Kies	Kleinere Exemplare eigenen sich für Gesellschaftsbecken; größere ernähren sich von Fischen, Nachzucht kaum möglich.
...and	150 l	10-20°C	W,M, Fl, Tr.	Kies	Anspruchslose, gesellige Art, die viel Schwimmraum benötigt. Eine Zuchtform, die Goldorfe , wird oft im Handel angeboten.
...asel	150 l	10-20°C	W, M, Tr.	Kies	Starke Wasserumwälzung, gute Filterung u. Abdeckung (springt gern) sind erforderlich. Nachzucht nur in großen Becken.
...ötze, Rotauge	80 l	bis 25°C	Tr, W, M, T,	Sand oder Kies	Anspruchsloser Schwarmfisch, dessen Nachzucht in größeren Aquarien möglich ist. Auch für Anfänger geeignet.
...tfeder	80 l	bis 25°C	Tr, W, M, T,	Sand oder Kies	Gesellige, anspruchslose Art. Eine dichte Bepflanzung bietet Versteckmöglichkeiten und zusätzliche Nahrung.
...oderliesschen	60 l	bis 25°C	W, M, Tr,	Kies oder Sand	Anspruchsvoller Schwarmfisch. Für die Nachzucht benötigt man mind. 150 l Becken und stengelförmige Pflanzen (z.B. Schilf).
...elei	80 l	bis 20°C	W, M, T, Tr.	Kies	Anspruchsloser Schwarmfisch. Wie Moderlieschen empfindlich gegen äußere Verletzungen. Nachzucht in gr. Aquarien möglich.
...ei, Brachse ...asse	100 l	bis 25°C	M, T, R, Tr,	feiner Kiesgrund	Anspruchsose Art, die sich gut für Gesellschaftsbecken eignet. Die Nachzucht ist in Aquarien kaum möglich.
...üster, Blicke	100 l	bis 25°C	M, T Tr.	feiner Kiesgrund	Anspruchslose, gesellige Art, die sich leicht halten aber kaum nachzüchten läßt.
...ötze	80 l	10-20°C	M, T, W, Tr,	Kies	Schwarmfisch, der viel Schwimmraum benötigt. Die Nachzucht ist in größeren Aquarien mit niedrigem Wasserstand möglich.
...nneider	100 l	bis 20°C	M, T, W, Tr,	Sand oder Kies	Farbenprächtiger Schwarmfisch, der häufigen Wasserwechsel, eine gute Filterung und viel Schwimmraum benötigt.
...ömer	100 l	bis 20°C	M, T, W, Tr,	Kies oder Sand	Anspruchslose, gesellige Art, die eine starke Wasserumwälzung benötigt. Läßt sich in großen Aquarien auch nachzüchten.
...ofen	150 l	bis 20°C	T, M, Fi,	Kies	Ernährt sich im Alter von kleinen Fischen (nicht für Gesellschafts-becken geeignet) starke Filterung. Nachzucht nicht möglich.

...kürzungen: T = Tubifex, M = Mückenlarven, W = Wasserflöhe, B = Bachflohkrebse,
R = Regenwürmer, F = Fische, Tr = Trockenfutter

Fischart	Mindest-beckengröße	Temperaturbereich	Futter	Grund	Sonstiges
Bitterling	100 l	bis 20°C	W, M, T, Tr	Sand oder Kies	Anspruchsloser Aquarienfisch, der eine dichte Bepflanzung benötigt. Nachzucht möglich, wenn Teich- oder Malermuschel im Aquarium gehalten werden. Starke Filterung erforderlich.
Gründling	80 l	bis 20°C	M, T, W, Tr.	feiner Kies oder Sand	Gesellige Art, die im Aquarium langsam wächst. Viel Schwimmraum, starke Filterung und Wasserwechsel. Nachzucht möglich.
Schleie	100 l	bis 20°C	M, T, W Tr.	Sand oder feiner Kies	Anspruchslose Art, die eine dichte Bepflanzung als Versteck benötigt. Nachzucht im Aquarium nicht möglich.
Karausche	80 l	bis 25°C	M, T, W, Tr	Kies	Robuste, leicht zu haltende Art, die sich gut für Gesellschaftsbecken eignet und in großen Becken gezüchtet werden kann.
Giebel	80 l	bis 25°C	M, T, W, Tr.	Kies	Anpassungsfähige Art, die auch Anfängern empfohlen werden kann. Nachzucht im Aquarium kaum möglich.
Karpfen	150 l	18-26°C	M, T, W Tr.	feiner Kies oder Sand	Starke Filterung und häufiger Wasserwechsel erforderlich. Nur robuste Pflanzen einrichten. Nachzucht nicht möglich.
Silber- und Marmorkarpfen	200 l	18-25°C	W, T, M Tr	Kies	Beide Arten können in geräumigen Gesellschaftsbecken gepflegt, aber nicht nachgezüchtet werden.
Schlammpeitzger	100 l	15-20C	W, T, M	feiner Kies oder Sand	Anspruchslose Art. Eine Abdeckung, Versteckmöglichkeiten und Bepflanzung sind günstig. Nachzucht kaum möglich.
Steinbeißer	80 l	12-18°C	T, M, Tr	Sand	Aufgrund des hohen Sauerstoffbedarfs ist eine starke Wasserumwälzung nötig. Nachzucht leicht möglich.
Bachschmerle	80 l	10-18°C	T, M, Tr.	Sand	Starke Wasserumwälzung und Versteckmöglichkeiten fördern das Wohlbefinden. Nachzucht nur in großen Aquarien möglich
Quappe	100 l	bis 18°C	T, M, R Tr	Sand oder Kies	Quappen sind nicht für ein Gesellschaftsbecken geeignet. Sie benötigen Versteckmöglichkeiten und starke Filterung.
Wels	200 l	bis 20°C	M, R, F	Kies	Welse müssen einzeln oder mit großen Fischen gehalten werde Sie benötigen Versteckmöglichkeiten und starke Filterung.
Zwergwelse	80 l	bis 25°C	M, T, R F, Tr	Kies	Nicht mit zu kleinen Fischen vergesellschaften, benötigt Versteckmöglichkeiten. Nachzucht kaum möglich.
Aal	100 l	bis 25°C	M, T, R, F	Kies oder Sand	Becken gut abdecken (!). Hohe Bodenschicht (mind. 15 cm). Ausreichend Versteckmöglichkeiten bieten.
Hecht	200 l	bis 22°C	F, R	Kies	Nicht im Gesellschaftsbecken halten. Becken dicht bepflanzen. Versteckmöglichkeiten schaffen, starker Filter erforderlich.
Hundsfisch	60 l	bis 28C	W, M, T, Tr	Kies	Anspruchsloser Pflegling, der im Gesellschaftsaquarium gehalten werden kann. Dichte Bepflanzung und Abdeckung sind wichtig.
Dreistachliger Stichling	60 l	bis 26°C	W, M, T,	Kies	Anspruchsloser, geselliger Pflegling. In größeren, dicht bepflanzten Becken ist die Nachzucht leicht möglich (2 Männchen, 3-4 Weibchen).
Zwergstichling	60 l	bis 26°C	W, M, T, TR	Kies	Anspruchsloser, geselliger Pflegling. In größeren, dicht bepflanzten Becken ist die Nachzucht leicht möglich (2 Männchen, 3-4 Weibchen).
Flußbarsch	100 l	15-23 C	M, T, R F, Tr	Kies	Barsche eignen sich weniger für Gesellschaftsaquarien. Sie benötigen viel Schwimmraum und eine starke Wasserumwälzung.
Zander	200 l	15-20 C	R, F	Kies	Zander sind relativ scheu. Sie sollten allein gehalten werden und benötigen eine starke Filterung. Die Nachzucht ist nicht möglic
Kaulbarsch	80 l	15-20 C	W, M, T R, Tr	Kies	Anspruchsloser Pflegling. Kann bei dichter Bepflanzung und Versteckmöglichkeiten im Gesellschaftsaquarium gehalten werden.
Sonnenbarsch	100 l	bis 23 C	W, M, T R, Tr	feiner Kies	Eine starke Filterung und dichte Bepflanzung sind zur Deckung des Sauerstoffbedarfes notwendig. Nachzucht leicht möglich.
Groppe	80 l	bis 15 C	T, M, W B	grober Kies	Starke Wasserumwälzung und Versteckmöglichkeiten bieten. Nicht im Gesellschaftsaquarium pflegen. Nachzucht ist möglic
Strandgrundel	80 l	bis 23 C	T, M, W Tr.	Sand oder feiner Kies	Anspruchslose Pfleglinge, die Versteckmöglichkeiten und eine starke Wasserumwälzung benötigen. Leicht salzhaltiges Wasser
Flußgrundel Marmorgrundel	60 l	bis 18 C	W, M, T Tr.	Kies	Aus größeren Steinen gebaute Versteckmöglichkeiten, gute Filterung erforderlich. Nachzucht möglich.
Flunder	100 l	bis 23 C	M, T, W R	Sand oder feiner Kies	Starke Filterung und Wasserumwälzung notwendig. Haltung i Gesellschaftsbecken möglich. Nachzucht nicht möglich.

Gefährdung und Schutzmaßnahmen

Die Gewässer in unseren Breiten und damit auch die in diesen Biotopen lebenden Fische sind einer Vielzahl menschlicher Einflüsse und Eingriffe ausgesetzt. Mit der wachsenden Bevölkerungs- und Siedlungsdichte sind auch Art und Umfang der bestandsbeeinträchtigenden Faktoren gestiegen. Neben der unübersehbar gewordenen Menge wassergefährdender und gewässerbelastender Substanzen verursachten vor allem gewässerbauliche Maßnahmen drastische Veränderungen bei der heimischen Fischfauna. Die Gewässer stehen somit im Brennpunkt des Interessenkonfliktes zwischen Schutz und Nutzung der Natur. Wir beanspruchen sie als Trink-, Brauch- und Kühlwasserreservoire, bei der Be- und Entwässerung landwirtschaftlicher Nutzflächen, als Abwasserkanäle und Müllhalden, als Schiffahrtswege, zur Energieerzeugung, zur Produktion von Nahrungsmitteln (Fischerei) und nicht zuletzt im Rahmen zahlreicher Freizeitaktivitäten. Um unsere Gewässer als Lebensraum für die heimische Flora und Fauna zu erhalten bzw. wiederherzustellen, müssen wir diese Nutzungsformen entschärfen oder begrenzen. Da dies oft nicht praktikabel oder zu teuer ist, sind Kompromisse anzustreben, die sowohl den Ansprüchen der Natur als auch unserer wachsenden Gesellschaft gerecht werden. Die folgenden Ausführungen beschreiben die wesentlichen Ursachen für die Gefährdung der heimischen Fischfauna und erläutern Maßnahmen, die im Rahmen eines umfassenden Naturschutzes helfen, diese zu erhalten.

Gefährdung durch gewässerbauliche Maßnahmen

Durch die verschiedensten baulichen Maßnahmen werden Gewässer für die Trinkwasserversorgung, zur Energieerzeugung und als Schiffahrtswege erschlossen. Der Gewässerbau führte jedoch zu erheblichen Beeinträchtigungen bzw. sogar zur Vernichtung der Lebensräume von Fischarten, die bevorzugt fließende Gewässer besiedeln. Im Rahmen von Regulierungsmaßnahmen gebaute Wehre, Stauanlagen und Sohlschwellen behindern Laich-, Nahrungs- und Kompensationswanderungen. Besonders die Fischarten, die zum Laichen aus dem Meer in die Flüsse aufsteigen, haben u.a.

durch diese Aufstiegshindernisse so starke Bestandseinbrüche erlitten, daß viele von ihnen in Deutschland ausgestorben oder vom Aussterben bedroht sind (z. B. Stör, Maifisch, Finte, Lachs, Meerforelle; siehe auch Rote Liste S. 82 ff.). Unter natürlichen Bedingungen ist der Wasserkörper von Bächen und Flüssen meistens ungeteilt. Die Zerstückelung von Fließgewässern in eine Reihe regulierter Staugewässer durch bauliche Maßnahmen geht mit gravierenden Veränderungen der Gewässercharakteristik einher. In den aufgestauten Bereichen ist die Fließgeschwindigkeit herabgesetzt. Dies begünstigt eine Verschlammung des Gewässergrundes, weil feine (organische) Sedimente nicht mehr hinreichend weggespült werden. Dadurch wird der Bestand der Fischarten beeinträchtigt, die stark strömendes Wasser bevorzugen und Kies- oder Sandbänke als Laichplätze benötigen (z. B. Strömer, Schneider, Huchen; in der Roten Liste der Bundesrepublik Deutschland als vom Aussterben bedroht eingestuft). Auch die Bestände von Krautlaichern (z. B. der Hecht und einige Karpfenfische) leiden unter dem Verlust von Laichplätzen, weil infolge der Stauhaltung die Frühjahrshochwasser ausbleiben und überschwemmte Wiesen fehlen. Die für Fließgewässer charakteristische Gliederung in die nach den Leitfischen benannten Regionen wird durch die Regulierung verändert. So wurde die Barbe in vielen Flüssen aus der ehemals von ihr bewohnten Barbenregion durch die Stauhaltung verdrängt (z. B. Ober- und Mittelrhein, Havel und Spree bei Berlin). Darüber hinaus isolieren solche Wanderhindernisse die Fischpopulationen in den einzelnen Gewässerabschnitten und erschweren die Wiederbesiedlung verwaister Bereiche. Für bodenorientierte Fischarten wie Groppe, Schmerle und Steinbeißer stellen selbst kleinere Sohlschwellen kaum überwindbare Hindernisse dar.

In aufgestauten Bereichen tritt häufig eine Verschlechterung der Wassergüte ein, da sich eingeschwemmte Nähr- und Schadstoffe ansammeln. Das erhöhte Nahrungsangebot und die begünstigte Erwärmung des Wassers führen dazu, daß umwelttolerante (euryöke) Fischarten (z. B. Plötze, Blei und Güster) diese Gewässerabschnitte zunehmend besiedeln und dadurch zusätzlich eine Verdrängungswirkung auf die Fließgewässerfische ausüben.

Natürliche Fließgewässer erscheinen durch die strukturreichen Uferregionen und den mäandrierenden Lauf morphologisch sehr vielgestaltig und bieten einem breiten Fischartenspektrum entsprechende Lebensräume. Die im Rahmen gewässerbaulicher Maßnahmen vorgenommenen Begradigungen und die künstliche Befestigung der Ufer haben auch zu Beeinträchtigungen bzw. zur Zerstörung dieser Lebensräume geführt. Durch die Verkürzung des Flußlaufes und der Uferregion gehen bei

Begradigungen naturnahe Lebensräume verloren. Die qualitativen Beeinträchtigungen des Lebensraumes gehen Hand in Hand mit dem Verlust der ökologischen Funktionen der Uferzone. Die Monotonie der künstlich befestigten Ufer und das Fehlen einer bis in das Wasser reichenden Ufervegetation führen schließlich zum Verlust von Weidegründen, Laichplätzen und Versteckmöglichkeiten für Fische. Nur wenige, sehr anpassungsfähige Arten wie der Flußbarsch und die Plötze sind in der Lage, in derart umgestalteten Bächen und Flüssen zu überleben. Überdies wird durch den Ausbau der Uferregion die biologische Selbstreinigungskraft des Gewässers gestört. Die negativen Auswirkungen auf die Fischbestände können bei den einzelnen Formen der künstlichen Uferbefestigung (Steinaufschüttungen, Beton, Spundwände) unterschiedlich stark ausgeprägt sein. Unter den gewässerbaulichen Maßnahmen wirken sich die Überbauung und Verrohrung von Gewässern besonders verheerend auf die ursprüngliche Fauna und Flora aus. In der Vergangenheit wurden auf diese Weise meist kleinere Bäche als Lebensräume zerstört.

Eutrophierung der Gewässer

Mit den Abwässern aus privaten Haushalten, der Industrie und der Landwirtschaft (z. B. Gülle und Silageabwässer) gelangen neben Schadstoffen auch Nährstoffe wie Phosphate und Nitrate in die Gewässer und führen dort zu einer Düngung (Eutrophierung). Das erhöhte Nährstoffangebot forciert das Wachstum von Algen (Phytoplankton) und fördert so die Primärproduktion (von Biomasse). Tierische Planktonorganismen (z. B. Kleinkrebse und Rädertierchen), die sich von Phytoplankton ernähren, sind meistens nicht in der Lage, sich ausreichend zu vermehren oder werden von Überpopulationen von Zooplanktonfressern (kleine Fische) dezimiert. Es entsteht ein Überangebot an pflanzlicher Nahrung. Die sich selbst regulierende Nahrungskette gerät aus dem Gleichgewicht und es kommt zu Algenblüten, die vor allem im Sommer das Wasser trüben. Die verminderte Lichteinstrahlung bewirkt, daß die vertikale Ausdehnung der Unterwasserpflanzenzone abnimmt. Abgestorbene Algen sinken auf den Grund und führen zur Verschlammung. Bei ihrer Zersetzung werden oft so große Mengen Sauerstoff benötigt, daß Sauerstoffdefizite auftreten und Fäulnisprozesse einsetzen. Ist der Sauerstoff vollständig aufgebraucht, bildet sich im Faulschlamm Schwefel-wasserstoff. Man erkennt ihn an typischen Geruch (nach faulen Eiern) der vom Gewässergrund aufsteigenden Blasen. Eutrophierte Gewässer sind ökolgisch instabil. Bei plötzlichen Massensterben der Algen verringert sich das Sauerstoff angebot im Wasser so stark, daß es zu Fischsterben kommen kann.

Die für dicht besiedelte Gebiete symptomatische Eutrophierung der Gewässer führt auch zu Beeinträchtigungen der Röhrichtbestände. Aus der Literatur geht hervor, daß das Nährstoffüberangebot im Wasser die Massenvermehrung von Fadenalgen (Cladophora) fördert. Diese verfilzen um die Schilfhalme zu watteartigen Polstern, welche durch Wind und Wellenschlag bewegt, das Umknicken der Halme bewirken (KRAUS 1992). Daneben werden auch durch Bisamratten hervorgerufene Fraßschäden als Ursache für den Gelegerückgang in mitteleuropäischen Seen beschrieben (BARTHELMES 1991).

Der Rückgang höherer Ufer- und Unterwasserpflanzen (s.o.) entzieht typischen Krautlaichern das Laichsubstrat. Auch die Bestände des Hechtes sind u.a. von der Ausdehnung der Ufervegetation abhängig. In deckungsarmen Gewässern können sich nur wenige Hechte entwickeln, da sich die Jungfische gegenseitig dezimieren. Eutrophierte Gewässer werden dafür besonders vom Zander besiedelt. Er ist als Hartsubstratlaicher nicht auf eine üppige Ufervegetation angewiesen und jagt seine Beute bevorzugt im trüben Wasser.

Gefährdung durch Schadstoffe

Weniger offensichtlich, aber dennoch hochgradig problematisch ist die Belastung der heimischen Gewässer und der darin lebenden Fischbestände durch eingetragene Schadstoffe. Neben Fischsterben, die durch Unfälle in chemischen Fabriken ausgelöst werden, verursachen kontinuierlich freigesetzte Schadstoffe eine schleichende, chronische Vergiftung der Fische. Mit den Abwässern und über den Regen wird eine unüberschaubare Anzahl von Umweltgiften aus den privaten Haushalten, der Industrie, dem Verkehr und der Landwirtschaft in die Gewässer gespült. Da viele von ihnen auf natürliche Weise nicht oder nur sehr langsam abbaubar sind, akkumulieren sie sich über die Nahrungskette im Gewebe der Fische und der Menschen. Die einzelnen Glieder der Nahrungskette (Produzenten, Primärkonsumenten und Sekundärkonsumenten) stellen trophische

Ebenen dar, wobei ihre Biomasse mit jeder höheren Stufe um eine Zehnerpotenz abnimmt. Für den Aufbau von körpereigener Masse wird das Mehrfache des Gewichtes an Nahrung gebraucht. Somit reichern sich die Giftstoffe mit jeder Stufe der Nahrungskette um das Zehnfache an. Deshalb können die Endglieder (z. B. der Hecht) einer viergliedrigen Nahrungskette (Phytoplankton, Zooplankton, planktonfressender Fisch, Raubfisch) in einem Gewässer das Zehntausendfache der Schadstoffkonzentration des umgebenden Milieus enthalten. Aufgrund dieser Anreicherung von Schadstoffen kann es bei Fischen zu Beeinträchtigungen der Gesundheit und der Fortpflanzungsfähigkeit kommen. Derart belastete Fische sollten nicht als Nahrungsmittel genutzt werden, da sie auch die Gesundheit des Menschen gefährden. In der derzeit gültigen Schadstoff-Höchstmengen-Verordnung (SHmV vom 23. 3. 1988, BGBl. I. S. 422; GVBl S. 673) ist festgestzt, bei welchen Schadstoffkonzentrationen belastete Speisefische nicht mehr vermarktet werden dürfen. Angler und Fischer, die gefangene Fische verzehren bzw. vermarkten, sind oft nicht hinreichend mit dieser Problematik vertraut oder haben nicht die Möglichkeit, die Schadstoffbelastung gefangener Fische bestimmen zu lassen. Erfreulicherweise gibt es Bestrebungen, die Belastung von Fischbeständen landesweit zu erfassen. So wurden z. B. in Berlin vom zuständigen Fischereiamt entsprechende Rückstandsuntersuchungen an gefangenen Fischen durchgeführt und die Ergebnisse in Form von Broschüren veröffentlicht.

Die in die Gewässer eingetragenen Schadstoffe wirken auf Tiere und Menschen toxisch und/oder cancerogen (krebserregend). Besonders gefährlich sind die chlorierten Kohlenwasserstoffe und die Schwermetalle (sie haben ein höheres spezifisches Gewicht als Eisen) wie Blei, Cadmium und Quecksilber. Zu den chlorierten Kohlenwasserstoffen gehören Schädlingsbekämpfungsmittel wie DDT, Dieldrin, Methoxichlor, Lindan und die PCB's (Polychlorierte Biphenyle), die z. B. aus Altölen, Hydraulik- und Kühlflüssigkeiten in die Umwelt gelangen. Untersuchungen an Meeresfischen belegen, daß im Körper angereicherte PCB's die Fortpflanzungsfähigkeit beeinflussen. Wahrscheinlich beeinträchtigen diese Substanzen auch das Immunsystem der Fische.

Versauerung der Gewässer

Bei der Verbrennung fossiler Energieträger (Erdgas, Öl und Kohle) entstehen Gase (z. B. Schwefeldioxid und Stickoxide), die mit der in der Luft enthaltenen Feuchtigkeit reagieren und dabei verschiedene Säuren bilden. Durch die exponentiell gestiegene Verbrennung von Öl und Kohle im Zuge der Industrialisierung reagiert der Regen zunehmend sauer. In Gebieten mit kalkarmen Böden ist das Puffervermögen so gering, daß der saure Regen eine Absenkung des pH-Wertes in den Gewässern verursachen kann. Je mehr das Gewässer versauert, desto weniger Lebewesen können darin existieren. Fische sind nicht in der Lage, in Gewässern zu leben, in denen der pH-Wert unter 5 gesunken ist. Die Versauerung erfolgt in mehreren Stufen und führt zur Freisetzung von ursprünglich im Boden gebundenen Substanzen (z. B. Aluminiumionen), die Tiere und Pflanzen zusätzlich schädigen. Besonders in Skandinavien sind zahlreiche Gewässer durch die Versauerung fischleer geworden. Aber auch in Deutschland gibt es in Gebieten mit kalkarmem Untergrund (z. B. im Schwarzwald und im Bayerischen Wald) bereits fischlose, von extremer Versauerung bedrohte Gewässer.

Gefährdung durch Fischerei und Angelsport

Die Binnenfischerei hat in den letzten 50 Jahren in Mitteleuropa an Bedeutung verloren. Die intensive Bewirtschaftung von Seen und Flüssen mit Netzen und Reusen ist weiterhin rückläufig. Hochwertige Speisefische wie Karpfen und Forellen kommen heute überwiegend aus Teichwirtschaften. Im Gegensatz hierzu stieg die Anzahl der Freizeitfischer. Gegenwärtig befischen über eine Million Angler die Binnengewässer Deutschlands. Aufgrund der verwendeten Methoden und der Vorliebe der Angler für bestimmte Fischarten, ist das Angeln eine selektive Form der Befischung. Die besonders in eutrophierten Gewässern und regulierten Flußabschnitten zu beobachtende Vermehrung der anpassungsfähigeren Arten aus der Familie der Karpfenfische (z. B. Plötze, Blei und Güster) wird häufig durch Angler forciert, da sie diese Massenfische nicht in hinreichender Menge entnehmen aber gleichzeitig gezielt größere Raubfische (z. B. Hecht, Zander, Welse) wegfangen. Die Überpopulationen der Weißfische überweiden das Zooplankton, welches sich von dem pflanzlichen Plankton ernährt. Die durch die Eutrophierung verursachte Massenvermehrung des pflanzlichen Planktons wird somit durch die Dezimierung der Zooplanktonbestände begünstigt (s.o.). Dieser Fehlentwicklung kann man mit regulierenden, fischereilichen Maßnahmen begegnen. So wurden z. B. in den Havelseen bei Berlin Berufsfischer beauftragt, gezielt die Überpopulationen der Weißfische zu befischen.

Neben der selektiven Befischung gefährden auch selektive Besatzmaßnahmen die einheimische Fischfauna. Vielfach entspricht das Artenspektrum der in die Gewässer eingesetzten Fische und ihre Längenverteilung (fangfähige Fische) den Wünschen der Angler. Solche Besatzmaßnahmen haben zur Faunenverfälschung und Gefährdung einiger einheimischer Fischarten beigetragen. Auf diese Weise gelangte z. B. der Aal als wirtschaftlich genutze Art in Gewässer, die er unter natürlichen Bedingungen nicht besiedeln könnte. Durch umfangreiche Besatzmaßnahmen sind seine Bestände in einigen Gewässern so gestiegen, daß sie wahrscheinlich zum Rückgang von bodenorientierten Fischarten wie der Quappe beitragen. Darüber hinaus wird die ursprüngliche Fischfauna eines Gewässers von Krankheiten und Parasiten bedroht, die mit den Besatzfischen eingeschleppt werden.

Durch das Anlegen von Trampelpfaden und Angelstellen sind die Angler auch für Zerstörungen der Uferregion verantwortlich. Leider gibt es unter Anglern auch schwarze Schafe, die durch übermäßiges Anfüttern und Hinterlassen von Abfall zur Verschmutzung der Gewässer beitragen.

Schutzmaßnahmen

Die Bestrebungen zur Erhaltung naturnaher Lebensräume haben in den letzten Jahren deutlich zugenommen. Entsprechend den vielfältigen Ursachen, die zur Verarmung der heimischen Fischfauna geführt haben, sind umfassende und einander ergänzende Maßnahmen notwendig, um das weitere Aussterben von Fischarten zu verhindern. Das Unterschutzstellen wertvoller Biotope verlangsamt die Verarmung der Fauna und hilft, das Überleben bedrohter Arten zu sichern. Weiterhin wird vielerorts versucht, durch Renaturierungsmaßnahmen die ursprüngliche Strukturvielfalt der Gewässer wiederherzustellen, um die durch den Gewässerbau verursachten Fehlentwicklungen wenigstens teilweise zu beheben. Die negativen Folgen der Regulierung von Fließgewässern lassen sich jedoch nur

Staustufen (oben) sind unüberwindliche Hindernisse für Fische, Fischtreppen (rechts) sollen wandernden Fischen die „Umgehung" ermöglichen.

begrenzt beheben. Die vollständige Rückführung in den ursprünglichen Zustand ist bei Flüssen wie dem Rhein illusorisch. Durch den Erhalt bzw. die Wiederherstellung von Altarmen und überschwemmten Flächen können jedoch die nachteiligen Auswirkungen einer Begradigung auf die Fischbestände gemildert werden, da dort Laichplätze und Weidegründe erhalten bleiben. Zudem können sich die Fische bei sich verschlechternden Umweltbedingungen (z. B. Unfälle in chemischen Produktionsanlagen) zurückziehen. Weiterhin sollte die naturnahe Gestaltung der künstlich befestigten Ufer vorangetrieben werden. Vor allem in nicht schiffbaren Fließgewässern ist die Renaturierung der zerstörten Uferbereiche gut realisierbar. Ein Ansatz zur Erhaltung und Wiederansiedlung von wandern-

den Fischarten ist die Entschärfung von Hindernissen durch das Nachrüsten mit geeigneten Fischpassagen und Aufstiegshilfen. Neue Wehre, Staudämme und Sohlschwellen sollten von vorneherein so konstruiert werden, daß sie für Fische passierbar sind.

Um den Eintrag von Nähr- und Schadstoffen zu reduzieren, ist der flächendeckende Neu- und Ausbau moderner Kläranlagen mit einer mechanischen, chemischen und biologischen Reinigungsstufe zwingend notwendig. Die Belastung der Gewässer mit Nähr- und Schadstoffen aus der Landwirtschaft kann durch mehrere Maßnahmen vermindert werden: Reduzierung des Einsatzes von Düngemitteln und Pestiziden auf das notwendige Minimum, Einstellung der Gülleverklappung auf den Feldern und Schaffung von nicht landwirtschaftlich genutzten Schutzzonen entlang der Ufer. Der Bau von Phosphateleminationsanlagen bietet einen weiteren tragfähigen Ansatz zur Bekämpfung der Gewässereutrophierung. In bereits laufenden Projekten konnte gezeigt werden, daß die Speisung eines renaturierten Gewässers mit entphosphatetem Wasser die Wiederansiedlung höherer Ufer- und Unterwasserpflanzen ermöglicht.

Die Bewirtschaftung von Gewässern durch Angler muß sich nicht zwangsläufig nachteilig auf die Fischfauna auswirken. Erfreulicherweise wächst die Anzahl der Angler, die an der Erhaltung der Fischfauna und naturnaher Gewässer interessiert ist. Für die ökologisch sinnvolle Bewirtschaftung von Angelgewässern müssen aber entsprechende Richtlinien erarbeitet werden. Dies gilt besonders für Besatzmaßnahmen.

Eine Einschränkung der Nutzung von Gewässern im Rahmen der zahlreichen Freizeitaktivitäten ist zur Erhaltung naturnaher Lebensräume unvermeidbar. Deshalb sollte die Öffentlichkeitsarbeit auf dem Gebiet des Gewässerschutzes verstärkt werden. Die Aufklärung über Zusammenhänge in Ökosystemen fördert die Einsicht und das Verständnis der Bevölkerung für die notwendigen Maßnahmen zum Schutze der Gewässer. Die rechtlichen Grundlagen für Biotopschutzmaßnahmen werden in den Naturschutzgesetzen geregelt. Der gesetzliche Schutz wildlebender Tier- und Pflanzenarten ist in der Bundesrepublik Deutschland in der Bundesartenschutzverordnung (BArtSchV) verankert. Obwohl Fische wildlebend (herrenlos) sind, werden sie von dieser Verordnung weitgehend ausgenommen. Ihre Nutzung wird in den Fischereigesetzen der einzelnen Bundesländer geregelt. In ihnen ist festgelegt, unter welchen Bedingungen das allgemeine Aneignungsverbot für wildlebende Pflanzen und Tiere für Fischereiberechtigte aufgehoben wird. Im juristischen Sinn gehören auch Neunaugen, Krebse und Muscheln sowie deren Entwicklungsstadien zu den Fischen. Die Fischereigesetze enthalten Ausführungsverordnungen in denen zum Schutz heimischer Fischarten Mindestmaße und Schonzeiten festgelegt sind. Das Tierschutzgesetz § 1 besagt, daß niemand ohne vernünftigen Grund einem Tier Schmerzen, Leiden oder Schaden zufügen darf. Schonende Fangmethoden, Verzicht auf lebende Köderfische, unverzügliches und fachgerechtes Töten der gefangenen Fische sollten auch deshalb für jeden Angler oder Fischer selbstverständlich sein. Der Gefährdungsgrad von Fischen u. a. Tier- und Pflanzenarten wird in den „Roten Listen" festgelegt. In ihnen werden gefährdete Arten einer von fünf Kategorien zugeordnet. In den folgenden Tabellen sind die zur Zeit gültigen „Roten Listen" der gefährdeten Fische der Bundesrepublik, der Schweiz und Österreichs zusammengefaßt.

Rote Listen der gefährdeten Fische und Rundmäuler

Gefährdungskategorien	Bundesrepublik Deutschland BLESS, LELEK & WATERSTRAAT (Entwurf vom 10. 7 1992)
Ausgestorben oder Verschollen	Sterlet (*Acipenser ruthenus* L.) Stör (*Acipenser sturio* L.) Buntflossengroppe (*Cottus poecilopus* Heck.) Steingreßling (*Gobio uranoscopus* Agassiz)
Vom Aussterben bedroht	Meerneunauge (*Petromyzon marinus* L.) Maifisch (*Alosa alosa* L.) Lachs (*Salmo salar* L.) Huchen (*Hucho hucho* L.) Mairenke (*Chalcalburnus chalcoides mento* Agas.) Zobel (*Abramis sapa* Pallas) Strömer (*Leuciscus souffia agassizi* Cuv. & Val.) Perlfisch (*Rutilus frisii meidingeri* Heck.) Frauenfisch (*Rutilus pigus virgo* Heck.) Zobel (*Abramis sapa* Pallas) Ziege (*Pelecus cultratus* L.) Schrätzer (*Gymnocephalus schraetzer* L.) Streber (*Zingel streber* Sieb.) Zingel (*Zingel zingel* L.)
Stark gefährdet	Flußneunauge (*Lampetra fluviatilis* L.) Bachneunauge (*Lampetra planeri* Bloch) Seeforelle (*Salmo trutta* f. *lacustris* L.) Meerforelle (*Salmo trutta trutta* L.) Seesaibling (*Salvelinus alpinus salvelinus* L.) Finte (*Alosa fallax* Lac.) Schneider (*Alburnus bipunctatus* Bloch) Barbe (*Barbus barbus* L.) Nase (*Chondrostoma nasus* L.) Karpfen (*Cyprinus carpio* L.) Wildform Weißflossiger Gründling (*Gobio albipinnatus* Luk.) Bitterling (*Rhodeus sericeus amarus* Bloch.) Zährte (*Vimba vimba* L.) Steinbeißer (*Cobitis taenia* L.) Schlammpeitzger (*Misgurnus fossilis* L.)
Gefährdet	Bachforelle (*Salmo trutta* f. *fario* L.) Kleine Maräne (*Coregonus albula* L.) Maränen spp (*Coregonus*) Stint (*Osmerus eperlanus* L.) Äsche (*Thymallus thymallus* L.) Zope (*Abramis ballerus* L.) Rapfen (*Aspius aspius* L.) Karausche (*Carassius carrasius* L.) Moderlieschen (*Leucaspius delineatus* Heck.) Elritze (*Phoxinus phoxinus* L.) Hasel (*Leuciscus leuciscus* L.) Aland (*Leuciscus idus* L.) Groppe (*Cottus gobio* L.) Quappe (*Lota lota* L.) Wels (*Silurus glanis* L.)
Potentiell gefährdet	Donau-Neunauge (*Eutodon* sp.) Donau-Kaulbarsch (Hol. & Hen.) Maränen (*Coregonidae* spp)

Österreich nach HERZIG-STRASCHIL 1992	Schweiz nach KIRCHHOFER, ZAUGG & PEDROLI 1990
Waxdick (*Acipenser gueldenstaedti* Brandt) Glattdick (*Acipenser nudiventris* Lov.) Sternhausen (*Acipenser stellatus* Pall.) Hausen (*Huso huso* L.) Hundsfisch (*Umbra krameri* Walb.)	Flußneunauge (*Lampetra fluviatilis* L.) Stör (*Acipenser sturio* L.) Lachs (*Salmo salar* L.) Meerforelle (*Salmo trutta trutta* L.) Huchen (*Hucho hucho* L.) Maifisch (*Alosa alosa* L.) Finte (*Alosa fallax* Lac.)
Hundsbarbe (*Barbus meridionalis petenyi* Heck.) Kessler-Gründling (*Gobio kessleri* Dyb.) Steingreßling (*Gobio uranoscopus* Agas.) Wolgazander (*Stizostedion volgensis* Gmel.) Streber (*Zingel streber* Sieb.)	Bachneunauge (*Lampetra planeri* Bloch) Sofie (*Chondrostoma toxostoma*) Schlammpeitzger (*Misgurnus fossilis* L.) Rhonestreber (*Zingel asper* L.)
Huchen (*Hucho hucho* L.) Seesaibling (*Salvelinus alpinus salvelinus* L.) Moderlieschen (*Leucaspius delineatus* Heck.) Strömer (*Leuciscus souffia agassizi* Cuv.& Val.) Frauenfisch (*Rutilus pigus virgo* Heck.) Schlammpeitzger (*Misgurnus fossilis* L.) Steinbeißer (*Cobitis taenia* L.)	Seeforelle (*Salmo trutta* f. *lacustris* L.) Hundsbarbe (*Barbus meridionalis* L.) Strömer (*Leuciscus souffia agassizi* Cuv.& Val.) Bitterling (*Rhodeus sericeus amarus* Bloch) Ghiozzo (*Padogobius panizzai*) Süßwasser-Schleimfisch (*Blennius fluviatilis* L.)
Bachforelle (*Salmo trutta* f. *fario* L.) Seeforelle (*Salmo trutta* f. *lacustris* L.) Schneider (*Alburnus bipunctatus* Bloch) Zobel (*Abramis sapa* Pallas) Zope (*Abramis ballerus* L.) Rapfen (*Aspius aspius* L.) Mairenke (*Chalcalburnus chalcoides mento* Agas.) Weißflossengründling (*Gobio albipinnatus* Luk.) Bitterling (*Rhodeus sericeus amarus* Bloch.) Perlfisch (*Rutilis frisii meidingeri* Heck.) Quappe (*Lota lota* L.) Zander (*Stizostedion lucioperca* l.) Marmorgrundel (*Proterorhinus marmoratus* Pall.)	Seesaibling (*Salvelinus alpinus salvelinus* L.) Äsche (*Thymallus thymallus* L.) Schneider (*Alburnus bipunctatus* Bloch) Barbo (*Barbus plebejus* Val.) Nase (*Chondrostoma nasus* L.) Savetta (*Chondrostoma soetta* Bon.) Moderlieschen (*Leucaspius delineatus* Heck.) Steinbeißer (*Cobitis taenia* L.) Finte (*Alosa fallax* Lac.)
Blaufelchen (*Coregonus larvaretus* L.) Aland (*Leuciscus idus* L.) Ziege (*Pelecus cultratus* L.) Zährte (*Vimba vimba* L.) Goldsteinbeißer (*Cobitis aurata* Fil.) Wels (*Silurus glanis* L.) Donaukaulbarsch (*Gymnocephalus baloni* Holc.& Hens.) Schrätzer (*Gymnocephalus schraetzer* L.) Zingel (*Zingel zingel* L.) Ukrainisches Bachneunauge (*Eudontomyzon mariae* B.) Bachneunauge (*Lampetra planeri* Bloch) Sterlet (*Acipenser ruthenus* L.) Aal (*Anguilla anguilla* L.)	Aal (*Anguilla anguilla* L.) Bachforelle (*Salmo trutta* f. *fario* L.) Maränen (*Coregonidae* spp) Laube (*Alburnus alburnus* L.) Alborella (*Alburnus albidus* Costa) Barbe (*Barbus barbus* L.) Karpfen (*Cyprinus carpio* L.) Wildform Gründling (*Gobio gobio* L.) Elritze (*Phoxinus phoxinus* L.) Wels (*Silurus glanis* L.) Dreist. Stichling (*Gasterosteus aculeatus* L.) Kaulbarsch (*Gymnocephalus cernua* L.) Groppe (*Cottus gobio* L.) Pigo (*Rutilus pigus* Heck.) Triotto (*Rutilus rubilio* Bona.)

Bestimmungsschlüssel

Familienschlüssel

1 Keine paarigen Flossen und offene Kiemenspalten → **Neunaugen (Petromyzontidae)** Seiten 90 ff.

2 Asymmetrische Schwanzflosse → **Störe (Acipenseridae)** Seiten 94 f.

3 Nur ein Paar paarige Flossen → **Aale (Anguilidae)** Seiten 170 f.

4 Einzeln stehende Stacheln auf dem Rücken → **Stichlinge (Gasterosteidae)** Seiten 175 ff.

5 Eine Rückenflosse, die am hinteren Endes des Körpers, gegenüber der Afterflosse sitzt, entenschnabelförmige Mundspalte → **Hechte (Esocidae)** Seiten 172 f., kleine Mundspalte und max. 13 cm lang → **Hundsfische (Umbridae)** Seite 174

6 Asymmetrischer, seitlich stark abgeflachter Körper → **Plattfische (Pleuronectidae)** Seite 194

7 Eine Bartel am Unterkiefer, zwei Rückenflossen → **Dorschfische (Gadidae)** Seite 165

8 Zwei sehr lange Barteln am Oberkiefer und vier kürzere am Unterkiefer → **Welse (Siluridae)** Seite 166

9 Fettflosse und 8 Barteln → **Katzenwelse (Ictaluridae)** Seiten 168 f.

10 Fettflosse und lange Seitenlinie → **Lachsfische (Salmonidae)** Seiten 97 ff.

11 Fettflosse und kurze Seitenlinie (bis zu den Brustflossen) → **Stinte (Osmeridae)** Seite 108

12 Zwei getrennte oder zweiteilige Rückenflosse, Körper mit Schuppen → **13**, Körper ohne Schuppen → **14**, Bauchflossen zu einem Saugnapf umgebildet → **15**

13 Kammschuppen (mit kleinen Zähnchen) → **Barsche (Percidae)** Seiten 178 ff.

14 Keulenförmiger Körper, Kiemendeckel endet in einem spitzen Dorn → **Groppen (Cottidae)** Seiten 188 f.

15 Keulenförmiger Körper → **Grundeln (Gobiidae)** Seiten 190 ff.

16 Sechs oder zehn kleine Barteln vorhanden → **Schmerlen (Cobitidae)** Seiten 161 ff.

17 Seitenlinie nicht vorhanden → **Heringsfische (Clupeidae)** Seite 96

18 Seitenlinie vorhanden, ohne Fettflosse → **Karpfenfische (Cyprinidae)** Seiten 118 ff.

19 Rückenflosse reicht vom Ansatz der Brustflossen bis zum Hinterrand der Afterflosse, Körper schuppenlos → **Schleimfische (Blenniidae)** Seite 193

Artenschlüssel

Familie Neunaugen (Petromyzontidae)
1 Paarige Flossen fehlen, Rücken- und Schwanzflosse bilden einen Flossensaum → **2**, sind voneinander getrennt → **3**
2 Bachneunauge (*Lampetra planeri*) Seite 92
3 Saugmaul mit zwei- oder dreizackigen Lippenzähnen → Flußneunauge (*Lampetra fluviatilis*) Seiten 90 f.
4 Saugmaul mit mehreren Reihen konzentrisch angeordneten Horzähnchen, Körper blaugrau marmoriert → Meerneunauge (*Petromyzon marinus*) Seite 93

Familie Störe (Acipenseridae)
1 Vier ungefranste und in einer Querreihe angeordnete Barteln → Stör (*Acipenser sturio*) Seite 94
2 Vier gefranste und in einer Querreihe angeordnete Barteln; 5 Reihen Knochenplatten auf dem Körper → Sterlet (*Acipenser ruthenus*) Seite 95

Familie Stichlinge (Gasterosteidae)
1 Drei einzeln stehende bewegliche Stacheln auf dem Rücken → Dreistachliger Stichling (*Gasterosteus aculeatus*) Seite 175
2 Acht bis elf bewegliche Stacheln auf dem Rücken → Zwergstichling (*Pungitius pungitius*) Seite 177

Familie Lachsfische (Salmonidae)
1 Fahnenartig vergrößerte Rückenflosse → Unterfamilie **Äschen (Thymallidae)** Seite 106
2 Mundspalte reicht bis unter die Augen → **3 Unterfamilie Salmonidae**; Mundspalte klein, reicht nicht bis vor das Auge → **9 Unterfamilie Coregonidae**
3 Vorderrand der Bauch- und Afterflosse weiß (nicht schwarzweiß) gesäumt → Seesaibling (*Salvelinus alpinus*) Seite 103
4 Vorderrand der Brust- und Afterflossen schwarzweiß gesäumt → Bachsaibling (*Salvelinus fontinalis*) Seite 102
5 Flanken mit einem rosafarbenen Band → Regenbogenforelle (*Oncorhynchus mykiss*) Seite 104
6 Pflugscharbein ganz bezahnt, 120-130 Schuppen entlang der Seitenlinie → Bach-, See- oder Meerforelle (*Salmo trutta sp.*) Seiten 97-99
7 Nur der Stiel des Pflugscharbeins bezahnt, 120-130 Schuppen entlang der Seitenlinie → Lachs (*Salmo salar*) Seite 100
8 180-200 Schuppen entlang der Seitenlinie (nur im Einzugsgebiet der Donau) → Huchen (*Hucho hucho*) Seite 101

9 Körper relativ hochrückig, endständige Mundspalte → Peledmaräne (*Coregonus peled*) Seite 113
10 Nasenartig verlängerte Schnauze → Schnäpel (*Coregonus oxyrhynchus*) Seite 114
11 Mundspalte oberständig → Kleine Maräne (*Coregonus albula*) Seite 112
12 Mundspalte end- oder unterständig, reicht bis zum vorderen Augenrand → Blaufelchen (*Coregonus lavaretus*) Seite 109
13 Umfang größer als die halbe Körperlänge → Große Maräne (*Coregonus nasus*) Seite 111
14 Schlanker Körper mit unterständiger Mundspalte → Kleine Bodenrenke, Kilch (*Coregonus pidschian*) Seite 115

Familie Barsche (Percidae)

1 Zwei, voneinander getrennte Rückenflossen → **2**; eine zweigeteilte Rückenflosse → **5**
2 Mundspalte reicht bis hinter die Augen → Zander (*Stizostedion lucioperca*) Seite 180
3 Mundspalte reicht bis unter die Augen → Flußbarsch (*Perca fluviatilis*) Seite 178
4 Mundspalte klein, reicht nicht bis zum Auge; 1. Rückenflosse mit 8-9 Stachelstrahlen → Streber (*Zingel streber*) Seite 184, 1. Rückenflosse mit 13-14 Stachelstrahlen → Zingel (*Zingel zingel*) Seite 185
5 Der vordere Teil der Rückenflosse ist länger als der hintere; 12-15 Stachelstrahlen → Kaulbarsch (*Gymnocephalus cernua*) Seite 181; im Einzugsgebiet der Donau auch der Donaukaulbarsch (*Gymnocephalus baloni*) Seite 182; 17-19 Stachelstrahlen → Schrätzer (*Gymnocephalus schraetzer*) Seite 183
6 Der vordere Teil der Rückenflosse ist kürzer als der hintere, Kiemendeckel mit schwarzem Fleck → Sonnenbarsch (*Lepomis gibbosus*), Seite 186, ohne schwarzen Fleck → Forellenbarsch (*Micropterus salmoides*) Seite 187

Familie Schmerlen (Cobitidae)

1 Zehn kleine Barteln, davon 6 auf dem Oberkiefer → Schlammpeitzger (*Misgurnus fossilis*) Seite 161
2 Nur sechs kleine Barteln am Oberkiefer, Körper seitlich abgeflacht → Steinbeißer (*Cobitis taenia*) Seite 163, Körper drehrund → Schmerle (*Noemacheilus barbatulus*) Seite 164

Familie Cyprinidae

1 Die Mundspalte trägt 4 Barteln → Barbe (*Barbus barbus*) Seite 116
2 Die Mundspalte trägt 2 Barteln; Bauchseite abgeflacht → Gründling

(*Gobio gobio*) Seite 118, 90-110 Schuppen entlang der Seitenlinie →
Schleie (*Tinca tinca*) Seite 148, 35-39 Schuppen entlang der Seitenlinie → Karpfen (*Cyprinus carpio*) Seite 154

3 Keine Barteln; lange Rückenflosse (17-20 Strahlen); Rückenflosse
nach außen gewölbt → Karausche (*Carassius carassius*) Seite 150,
Rückenflosse gerade oder konkav gebogen → Giebel (*Carassius
auratus gibelio*) Seite 151

4 Gerade Rückenlinie und eine s-förmig gebogene Seitenlinie → Ziege
(*Pelecus cultratus*) Seite 141

5 Schnauze nasenartig erweitert; Lippen verhornt → Nase (*Chondrostoma nasus*) Seite 144, Lippen nicht verhornt → Zährte (*Vimba
vimba*) Seite 140

6 Mundspalte reicht bis unter das Auge → Rapfen (*Aspius aspius*) Seite
143

7 Mundspalte reicht bis an das Auge, dunkel gerandete Schuppen
(netzartige Zeichnung) → Döbel (*Leuciscus cephalus*) Seite 120, 47-54
Schuppen entlang der Seitenlinie → Hasel (*Leuciscus leuciscus*) Seite
122, 9 Schuppenreihen oberhalb der Seitenlinie → Aland (*Leuciscus
idus*) Seite 119

8 Seitenlinie unvollständig (nur 5-12 Schuppen); Mundspalte oberständig → Moderlieschen (*Leucaspius delineatus*) Seite 129, Mundspalte endständig, Körper hochrückig → Bitterling (*Rhodeus sericeus
amarus*) Seite 146

9 Seitenlinie unvollständig, reicht bis zur Körpermitte → Elritze (*Phoxinus phoxinus*) Seite 137

10 Seitenlinie ist orangegelb gefärbt → Strömer (*Leuciscus souffia*) Seite
139

11 Seitenlinie von zwei Reihen dunkler Punkte gesäumt → Schneider
(*Alburnoides bipunctatus*) Seite 138

12 Mundspalte oberständig; Flossen rötlich → Rotfeder (*Scardinius
erythrophthalmus*) Seite 127, Flossen nicht gefärbt, Schuppen fallen
bei Berührung leicht aus → Ukelei (*Alburnus alburnus*) Seite 128,
Unterkiefer verdickt → Mairenke (*Chalcalburnus chalcoides mento*)
Seite 145, Bauchseite zwischen Kiemenspalte und Afterflosse gekielt
→ Silberkarpfen, Tolstolob (*Hypophthalmichthys molitrix*) Seite 159,
Augen liegen unterhalb der oberständigen Mundspalte → Marmor-
karpfen (*Aristichthys nobilis*) Seite 158, Kopf horizontal abgeflacht →
Blaubandbärbling (*Pseudorasbora parva*) Seite 160

13 Mundspalte endständig; Afterflosse kurz (max. 14 Strahlen) → Plötze,
Rotauge (*Rutilus rutilus*) Seite 125, Afterflosse 12-14 Strahlen →
Perlfisch (*Rutilus frisii meidingeri*) Seite 123

14 Mundspalte leicht unterständig, große Schuppen (nur im Donau-
raum) → Frauenfisch (*Rutilus pigus virgo*) Seite 124, große, dunkel

gerandete Schuppen und horizontal abgeflachter Kopf → Graskarp-fen (*Ctenopharyngodon idella*) Seite 157

15 Körper hochrückig, Afterflosse lang (mehr als 19 strahlen); weniger als 50 Schuppen entlang der Seitenlinie → Güster (*Blicca bjoerkna*), 50-54 Schuppen entlang der Seitenlinie und 27-31 Strahlen in der Afterflosse → Blei, Brasse oder Brachse (*Abramis brama*) Seite 132, 50-52 Schuppen entlang der Seitenlinie und 41-48 Strahlen in der Afterflosse → Zobel (*Abramis sapa*) Seite 134, 66-73 Schuppen entlang der Seitenlinie → Zope (*Abramis ballerus*) Seite 135

Familie Grundeln (*Gobiidae*)

1 Nasenöffnungen sind zu einer 1-2 mm langen Röhre ausgezogen → Marmorierte Grundel (*Proterorhinus marmoratus*) Seite 191

2 Vorderkörper nicht beschuppt → Strandgrundel, Strandkühling (*Pomatoschistus microps*) Seite 192

3 Die hintere der beiden voneinander getrennten Rückenflossen ver-jüngt sich zum Schwanz hin → Fluß-Grundel (*Neogobius fluviatilis*) Seite 190

Einheimische Fische

Artbeschreibungen

In diesem Kapitel werden 80 in Mitteleuropa vorkommende Süßwasserfische vorgestellt. Von diesen gehören 68 Arten zum autochthonen Bestand. Die ausgesetzten und eingebürgerten Fischarten eingeschlossen, verteilt sich das heimische Artenspektrum auf 22 Familien. Die artenreichste Familie unter den heimischen Süßwasserfischen ist die der Karpfenfische (Cyprinidae), von denen 26 heimische und 7 eingebürgerte Arten beschrieben werden. Einige andere Fischfamilien, wie z. B. die Hechte (Esocidae), die Dorsche (Gadidae), und die Aale (Anguillidae) sind in heimischen Süßgewässern nur durch je eine Art repräsentiert. Bei der Reihenfolge der Artbeschreibungen wurde versucht auch verwandschaftliche (phylogenetische) Beziehungen zu berücksichtigen. So sind die mitteleuropäischen Süßwasserfischarten in den jeweiligen Familien zusammengefaßt. Zunächst werden die nicht zu den Knochenfischen (Osteichthyes), sondern zur Klasse der Rundmäuler (Cyclostomata) gehörenden Neunaugen beschrieben. Danach folgen zwei Vertreter aus der Familie der Störe, die den sogenannten Knorpelganoiden (Chondrostei) zugeordnet werden. Alle anderen in diesem Buch beschriebenen Arten sind echte Knochenfische (Teleostei).

Innerhalb der Familien sind die Fischarten so angeordnet, daß zu einer Gattung gehörende bzw. leicht verwechselbare Arten aufeinander folgen. Da die eingebürgerten Fische zu verschiedenen, z. T. nicht ursprünglich in Mitteleuropa beheimateten Familien gehören, werden sie im Anschluß an die heimischen Vertreter einer Familie oder einer verwandten Familie vorgestellt.

Flußneunauge, Pricke

Lampetra fluviatilis (LINNÉ) 1758 Petromyzonidae, Neunaugen

Merkmale: Der aalähnliche Körper des zu den Rundmäulern (kein echter Fisch) gehörenden Neunauges trägt keine paarigen Flossen. Im Gegensatz zum Bachneunauge (Verwechslungsgefahr) sind beim Flußneunauge die beiden Rückenflossen deutlich voneinander getrennt. Die hintere Rückenflosse bildet zusammen mit der Schwanz- und Afterflosse einen mehr oder weniger durchgehenden Flossensaum. Da die Nasenöffnung, das Auge und die 7 runden Kiemenöffnungen auf jeder Körperseite in einer Reihe liegen, hat diese Familie den irreführenden Namen Neunaugen. An Stelle eines Kiefers haben sie ein scheibenförmiges Saugmaul, in dem sich Hornzähne befinden. 5-9 (meist 7) Zähne sitzen in einer Reihe auf der Unterkiefer-

platte. Kleine äußere und kräftige, zwei- oder dreizackige, innere Lippenzähne liegen im oberen Teil des Saugmauls. Die Larven (Querder) sind augen- und zahnlos (s. Photo unten). Färbung: Rücken und Flanken dunkelgrau bis blaugrün, Bauch weiß. Länge: 30-40 cm, die Männchen bleiben meist kleiner als die Weibchen.

Verbreitung: Europäische Flüsse und deren Mündungsgebiete. Fehlt im östlichen Mittelmeer, im Schwarzen Meer, im Norden Skandinaviens und Schottlands sowie in den Gewässern der Alpen.

Lebensweise: Adulte Flußneunaugen leben im Salzwasser. Sie ernähren sich, indem sie sich an Fische heften, Gewebeteile abraspeln und deren Blut saugen. Im Maul produzierte Sekrete verhin-

dern die Gerinnung des aufgenommenen Blutes. Fortpflanzung: Im Herbst stellen fortpflanzungsbereite Tiere die Nahrungsaufnahme ein, bilden den Darm zurück und wandern (anadrom) bis in den Oberlauf der Flüsse. Dort paaren sie sich von Februar bis Mai an seichten Stellen mit Sand- oder Kiesgrund. Das Männchen schlägt meist im Schatten größerer Steine bis 50 cm breite Gruben, die manchmal von mehreren Paaren benutzt werden. Das Weibchen heftet sich mit dem Saugmaul an einen Stein und wird vom Männchen mit dem Hinterleib umschlungen. Dabei drückt das Männchen die Eier aus der Leibeshöhle des Weibchen und gibt gleichzeitig sein Sperma dazu. Innerhalb mehrerer Tage werden von einem Weibchen bis 40 000 Eier gelegt. Die erschöpften Eltern sterben anschließend. Die nach 2-3 Wochen schlüpfenden Larven bohren sich an schlammigen bis sandigen Stellen in den Grund. Die zahnlosen, blinden Jugendstadien heißen Querder. Mit Hilfe eines zweigeteilten Kiemendarmes filtrieren sie, bis auf den Kopf im Sediment steckend, kleinste Planktonorganismen und organische Partikel aus dem Wasser. Sie benötigen 3-4 Jahre, um eine Länge von ca. 15 cm zu erreichen. In einer 6-8 Wochen dauernden Metamorphose (Umwandlung) entwickeln sie sich zu adulten Neunaugen, die ins Meer wandern und bis zum Eintritt der Geschlechtsreife dort bleiben.

Sonstiges: Früher waren Neunaugen beliebte Speisefische. Die Zerstörung geeigneter Laichplätze, die Regulierung der Flüsse (Aufstiegshindernisse) und die Verschmutzung der Gewässer haben zu einem erheblichen Bestandsrückgang dieser inzwischen stark gefährdeten Art geführt.

Bachneunauge

Lampetra planeri (BLOCH) 1748 Petromyzonidae, Neunaugen

Merkmale: Der wurmähnliche Körper trägt keine unpaaren Flossen, After- und die Schwanzflosse bilden einen Flossensaum. Die Zähne in der zu einem Saugmaul umgewandelten Mundspalte sind stumpf. Im Gegensatz zum Flußneunauge sind die inneren Lippenzähne nur schwach entwickelt. Färbung: Rücken dunkelblau bis grünlich, Flanken gelblich, Bauch weiß. Länge: bis 17 cm.

Verbreitung: Von den Pyrenäen im Westen bis zur Wolga im Osten. Fehlt im Norden Skandinaviens und im Einzugsbereich der Donau.

Lebensweise: Das Bachneunauge bewohnt stationär den Oberlauf von Fließgewässern und durchflossene Seen. Vermutlich gingen Bachneunauge und Flußneunauge aus einer gemeinsamen Stammart hervor, wobei ersteres als Adultform nicht mehr ins Meer wandert und sich nicht mehr von Fischen ernährt. Es ist umstritten, inwieweit der Artbildungsprozeß abgeschlossen ist. Erwachsene Bachneunaugen nehmen keine Nahrung auf. Der Darm bildet sich im Herbst bei der Umwandlung der blinden und zahnlosen Querder zur Adultform zurück. Fortpflanzung: Von März bis Juni laichen sie oberhalb der von den Larven bewohnten Regionen. Bis 1500 Eier (1,3 mm ∅) werden an flachen Stellen im Sand- oder Kiesgrund gelegt. Nach dem Laichen sterben die Tiere im Alter von 4-5 Jahren. Die Larven filtrieren im Sediment lebend kleinste Planktonorganismen und organische Partikel aus dem Wasser.

Meerneunauge

Petromyzon marinus (LINNÉ 1758) Petromyzonidae, Neunauge

Merkmale: Aalförmiger Körper ohne unpaare Flossen. Die Rückenflosse ist von dem aus After- und Schwanzflosse bestehenden Flossensaum getrennt. Die Nasenöffnung auf der Stirn ist unpaar. Das scheibenförmige Saugmaul trägt mehrere Reihen konzentrisch angeordneter Hornzähne. Färbung: Oberseite grau bis blau mit dunkler Marmorierung, Unterseite weiß bis gelblich. Länge: 50-75 cm, selten bis 1 m.

Verbreitung: An den Küsten des Nordatlantiks, des westlichen Mittelmeeres, der Nord- und Ostsee. Als Laichgast und Larve im Mittellauf der Flüsse.

Lebensweise: Anadrome Wanderart, die sich als Adultform im Meer von Blut und von abgeraspelten Gewebeteilen größerer Fische ernährt. Fortpflanzung: Im Herbst und im Frühjahr wandern sie in den Mittellauf der Flüsse und laichen an sandigen oder kiesigen Stellen. Das Männchen heftet sich dabei an das Weibchen, umschlingt es und gibt sein Sperma auf die 200 000 – 300 000 Eier (1 mm $\varnothing$). Die Larven leben 2-5 Jahre im Sediment und filtrieren feinste Nahrungspartikel aus dem Wasser. Nach der Umwandlung zum erwachsenen Tier wandern sie ins Meer, leben dort 3-4 Jahre, bis sie ihrerseits zum Laichen flußaufwärts ziehen und anschließend sterben.

Sonstiges: Gewässerverbau und -verschmutzung haben zu massiven Bestandsrückgängen dieser stark gefährdeten Art geführt.

Stör

Acipenser sturio (Linné 1758) Acipenseridae, Störe

Merkmale: Der haifischähnliche Körper endet in einer verlängerten Schnauze (Rostrum). Das rüsselartig vorstülpbare, zahnlose Maul liegt unterständig hinter den 4 ungefransten und in einer Querreihe angeordneten Barteln. Auf dem Rücken befinden sich 11-13, entlang der Flanke 24-40 Knochenplatten. Die Rückenflosse setzt weit hinten am Körper an. Die Wirbelsäule endet im verlängerten oberen Teil der Schwanzflosse (heterozerk). Färbung: Rücken und Flanken dunkelgrau bis braun, Bauch weißlich mit Silberglanz. Länge: bis 2 m, selten über 5 m und über 200 kg schwer.

Verbreitung: Europäische Meeresküsten. Im Ladogasee lebt eine stationäre Süßwasserpopulation.

Lebensweise: Erwachsene Störe leben bodenorientiert in der Nähe von Flußmündungen. Sie ernähren sich von wirbellosen Benthosorganismen, größere Exemplare auch von Fischen. Fortpflanzung: Anadrome Wanderart, die in der Laichzeit (April-Juli) bis in den Mittellauf der Flüsse aufsteigt, um an überströmten Stellen mit Kiesgrund zu laichen. Von einem Weibchen werden bis zu 2,5 Millionen Eier (2-3 mm $\emptyset$) gelegt, die am Substrat kleben bleiben. Die kaulquappenähnlichen Larven schlüpfen nach 3-6 Tagen und halten sich die ersten zwei Jahre im Süßwasser auf. Die Männchen werden nach 7-9, die Weibchen nach 8-14 Jahren geschlechtsreif.

Sonstiges: Die Bestände sind in Deutschland nicht zuletzt wegen Überfischung (Kaviar!) erloschen.

Sterlet

Acipenser ruthenus (LINNÉ 1758) Acipenseridae, Störe

Merkmale: Der Körper ähnelt einem Haifisch. Der schnauzenartig verlängerte Kopf (Rostrum) ist leicht nach oben gebogen. Vor dem unterständigen und rüsselartig ausstülpbaren Maul stehen 4 gefranste Barteln in einer Querreihe. 5 Reihen Knochenplatten befinden sich auf dem Körper: 11-17 hakenförmige entlang des Rückens, 60-70 sich dachziegelartig überlappende vom Kiemenrand bis in die Schwanzwurzel und 16-18 zwischen den Brust- und Bauchflossen. Färbung: Rücken und Flanken dunkelgrau bis braun, Bauch gelblich oder weiß mit rötlichem Schimmer. Länge: 40-60 cm, selten bis 1 m.

Verbreitung: In den Zuflüssen des Schwarzen, Asowschen und Kaspischen Meeres, sowie in den östlichen Zuflüssen der Ostsee und in einigen Flüssen und Seen Rußlands Sibiriens.

Lebensweise: Bodenorientierter Süß- und Brackwasserbewohner, der sich von Insektenlarven, Würmern, Kleinkrebsen, Muscheln, Schnecken und kleinen Fischen ernährt. Zur Winterruhe zieht er sich an tiefe, ruhige Stellen zurück. In der Laichzeit (April-Juni) wandern Sterlets flußaufwärts, um auf überströmten Kiesbänken zu laichen. Je nach Größe legen die Weibchen mehr als 10 000 Eier (1,5-2 mm ⌀), die an Steinen kleben bleiben. Die Larven schlüpfen nach 4-5 Tagen.

Sonstiges: Die Zerstörung der Laichplätze durch gewässerbauliche Maßnahmen, die Gewässerverschmutzung und die starke Befischung haben zum Rückgang der Bestände geführt. In Deutschland ist die Art ausgestorben.

Maifisch, Alse

Alosa alosa (LINNÉ 1758) Clupeidae, Heringe

Merkmale: Seitlich abgeflachter Körper. Kurze Rückenflosse. Keine Fettflosse. Augen mit unbeweglichen Lidern. Keine Seitenlinie. Färbung: Rücken blaugrün, Flanken und Bauch silbrigweiß mit Messingglanz. Am oberen Rand der Kiemenspalte ein großer schwarzer Fleck, dahinter oft mehrere undeutliche Flecken. 90-130 Reusendornen auf dem 1. Kiemenbogen. Länge: 35-40 cm (max. 70 cm). Flossen: D IV-V/13-17, A III/17-22, P I/13-15, V I/7-8.

Verbreitung: Küstengewässer und Zuflüsse des Nordostatlantiks und des westlichen Mittelmeers.

Lebensweise: Im freien Wasser lebender Planktonfresser. Fortpflanzung: Zur Laichzeit, Mai (!) bis Juni, ziehen Maifische weit flußaufwärts (im Rhein bis Basel, in der Elbe bis Dresden). Die 100 000-200 000 Eier (1,5-1,8 mm ⌀) quellen nach dem Ablegen stark auf und treiben frei über dem Flußboden. Die Larven schlüpfen nach 4-8 Tagen. Die 8-12 cm langen Jungfische ziehen von August bis Oktober ins Meer zurück. Nach 3-4 Jahren werden Maifische geschlechtsreif.

Sonstiges: Wegen des zarten Fleisches früher geschätzter Speisefisch. Die Zerstörung der Laichplätze durch gewässerbauliche Maßnahmen und die Verschmutzung der Flüsse haben die Bestände so stark dezimiert, daß diese Art vom Aussterben bedroht ist.

Seeforelle

Salmo trutta f. lacustris LINNÉ 1758 Salmonidae, Lachsfische

Merkmale: Bach-, See- und Meerforelle sind Standortformen oder Ökotypen einer Art (daher der gleiche wissenschaftliche Gattungs- und Artname). Körperbau wie bei der Bachforelle. Bezahnung des Pflugscharbeins: Platte 4-6 Zähne, auf dem Stiel eine einfache Reihe vorn und zwei Reihen alternierend gebogene Zähne hinten. Färbung: Rücken graublau, Flanken silbrig, Bauch weißlich. Bei älteren Exemplaren befinden sich auf den Flanken unregelmäßige dunkle (selten auch braune) Flecken. Flossen: D III/8-11, A III/7-8, P I/12-13, V I/8. Länge: 40-80 cm, selten bis über 1 m.

Verbreitung: Tiefe Seen im Alpenraum (bis 1800 m), in Skandinavien und auf den britischen Inseln und Irland.

Lebensweise: Die Seeforelle lebt stationär in tiefen, klaren, sauerstoffreichen Seen mit Kies- und Geröllgrund. Jungfische ernähren sich von wirbellosen Kleintieren, ältere dagegen überwiegend von Fischen. Fortpflanzung: In der Laichzeit haben die Männchen einen Laichhaken. Von Oktober-Dezember ziehen sie in die Zuflüsse der Seen, bzw. an die Uferregion. Dort legen die Weibchen in Gruben bis zu 30 000 Eier (5-6 mm ⌀).

Sonstiges: Die Eutrophierung und Verschmutzung der Seen, Aufstiegshindernisse, welche die Laichwanderungen erschweren und die Konkurenz durch ausgesetzte Arten, (z. B. Regenbogenforelle), gefährden die Bestände der Seeforellen.

Bachforelle

Salmo trutta f. fario LINNÉ 1758 Salmonidae, Lachsfische

Merkmale: Der Körper ist langgestreckt, seitlich zusammengedrückt und mehr oder weniger hochrückig. Die Mundspalte reicht bis hinter die Augen. Mit Fettflosse. Bezahnung des Pflugscharbeins: Platte 2-6, Stiel 9-18 Zähne. Färbung: Rücken und Flanken braun bis grün mit dunklen und roten, hell umrandeten Flecken; Bauch weißlich; Jungfische mit 6-9 dunklen Querbinden. Flossen: D III-IV/9-12, A III-IV/6-10, P I/10-13, V I/7-10. Länge: 20-30 cm, selten bis 60 cm.
Verbreitung: Von Europa bis Asien. Als begehrter Speisefisch durch Besatzmaßnahmen weltweit verbreitet.
Lebensweise: Die stationär lebende Bachforelle bewohnt als Leitfisch der Forellenregion klare, kühle, sauerstoffreiche Fließgewässer und Seen mit Kies- oder Geröllgrund (in den Alpen bis 2500 m). Ältere Exemplare sind revierbildend und standorttreu. Nahrung: Wirbellose Kleintiere (z. B. Bachflohkrebse), Anfluginsekten, Fische (Elritzen, Schmerlen, Groppen), Fischlaich und Amphibien.
Fortpflanzung: Die Laichzeit liegt zwischen Oktober und Januar. Das Weibchen schlägt an kiesigen Stellen Gruben, in die es 500-1500 klebrige, rötliche Eier (4-5 mm ⌀) legt. Das Männchen gibt die Spermien hinzu und bedeckt den Laich anschließend mit Kies. Die nach 2-4 Monaten schlüpfenden Larven halten sich im Kieslückensystem versteckt, bis der Dottervorrat aufgebraucht ist. Die Männchen werden meist im 2., die Weibchen im 3. Jahr geschlechtsreif.
Sonstiges: Die Bachforelle ist durch eine Vielzahl von Faktoren in ihrem Bestand gefährdet. Gewässerbauliche Maßnahmen zerstören Lebensräume, der Eintrag von Nähr- und Schadstoffen beeinträchtigt die Wassergüte, ausgesetzte Arten wie die Regenbogenforelle üben einen Konkurrenzdruck aus und mit Besatzfischen gelangen Fischkrankheiten in die natürlichen Lebensräume.

Meerforelle

Salmo trutta trutta LINNÉ 1758 Salmonidae, Lachsfische

Merkmale: Torpedoförmiger Körper mit einer Fettflosse. Die Mundspalte reicht bis hinter die Augen. Der Schwanzstiel ist breiter als beim Lachs (Verwechslungsgefahr). Die Schwanzflosse ist am Hinterrand nicht eingebuchtet. Färbung: Rücken und Flanken blaugrau bis grünlich, Bauch weißlich, ältere Exemplare mit zahlreichen, unregelmäßigen dunklen (in der Laichzeit auch mit braunen) Flecken. Jungfische mit dunklen Querbinden. Flossen: D III/9-11, A III/8-9, P I/12-13, V I/8. Länge: bis über 1 m.

Verbreitung: Atlantikküste von Nordportugal bis Skandinavien. Als Laichgast und Jungfisch in Flüssen und Bächen.

Lebensweise: Anadrome Wanderfische, die im Mündungsbereich der Flüsse leben. Von Juli bis November ziehen laichbereite Tiere stromaufwärts, um von Dezember bis März im Oberlauf (Forellen- und Äschenregion) zu laichen. Bis über 10 000 Eier werden von einem Weibchen an kiesigen, überströmten Stellen gelegt.

Sonstiges: Gewässerbauliche Maßnahmen haben die Wandermöglichkeiten eingeschränkt und zahlreiche Laichplätze vernichtet. In Deutschland wird versucht, diese stark gefährdete Art durch Besatz in ihrem Bestand zu erhalten.

Lachs

Salmo salar LINNÉ 1758 Salmonidae, Lachsfische

Merkmale: Langgestreckter Körper mit weiter Mundspalte. Männchen zur Laichzeit mit hakenförmigem Unterkiefer (Laichhaken). Färbung variabel, junge Lachse mit 7-9 Querbinden, Männchen zur Laichzeit mit rotem Bauch. Anders als bei der sehr ähnlichen Meerforelle ist die Pflugscharbeinplatte zahnlos, der Schwanzstiel dicker und die Schwanzflosse stärker ausgeschnitten. Länge: bis 1,5 m (und 36 kg schwer). Flossen: D III-IV/9-11, A III/7-8, P I/13, V I/8.

Verbreitung: Anadrome Wanderart des Nordatlantiks sowie der Nord- und Ostsee und deren Zuflüsse.

Lebensweise: Ernährt sich als Jungfisch von Zooplankton und Anflugnahrung, adult von Fischen. Fortpflanzung: Der Laichaufstieg findet zu unterschiedlichen Zeiten statt (Sommer- und Winterlachs). Bis zu 40 000 Eier (5-6 mm ∅) werden in der Forellen- oder Äschenregion über Kiesgrund in einer Grube abgelegt und anschließend bedeckt. Nach 1-3 Jahren wandern die jungen Lachse ins Meer.

Sonstiges: Beliebter Speisefisch. Vom Aussterben bedroht. In Deutschland wird versucht, den Lachsbestand durch Gewässerenaturierung, Bau von Fischpässen und Besatz wieder aufzubauen.

Huchen, Donaulachs

Hucho hucho (LINNÉ) 1758 Salmonidae, Lachsfische

Merkmale: Drehrunder, langgestreckter Körper mit abgeflachtem Kopf und weiter Mundspalte. Fettflosse. Färbung: Graubraun mit kleinen schwarzen Flecken. Bis 1,5 m lang und 50 kg schwer. Flossen: D III-IV/9-10, A IV-V/7-9, P I/14-16, V I/8-9.

Verbreitung: Flüsse im Einzugsgebiet der Donau (Äschen- und Barbenregion).

Lebensweise: Bewohner schnellfließender, sauerstoffreicher Gewässer mit kiesigem Grund. Standfisch, der sich bevorzugt an tiefen und geschützten Uferpartien aufhält und sich erwachsen hauptsächlich von Fischen ernährt (Nasen, Elritzen, Äschen, Barben). Fortpflanzung: Laichzeit von März-April. Nach kurzen Laichwanderungen werden an seichten Stellen mit Kiesgrund Gruben ausgehoben, in welche die Weibchen bis zu 25 000 Eier (5 mm ⌀) legen. Bei 8-10°C schlüpft die Brut nach 35 Tagen und wächst schnell heran. Nach 3-4 Jahren werden Huchen geschlechtsreif.

Sonstiges: Beliebter Speisefisch. Durch gewässerbauliche Maßnahmen und Gewässerverschmutzung vom Aussterben bedroht.

Bachsaibling

Salvelinus fontinalis (MITSCHILL) 1815 Salmonidae, Lachsfische

Merkmale: Lachsähnlicher torpedoförmiger Körper. Die weite Mundspalte reicht bis hinter die Augen. Fettflosse. Färbung: Rücken braungrün marmoriert, Flanken mit gelben und (blau umschlossenen) roten Punkten. Paarige Flossen und Afterflosse mit weiß-schwarzem Saum. Seitenlinie 160-230 Schuppen. Länge: Bis 45 cm. Flossen: D III/9-10, A III/9-11, P I/10-12, V I/7.

Verbreitung: Die im Osten Nordamerikas beheimateten Bachsaiblinge wurden ab 1884 in Europa ausgesetzt.

Lebensweise: Stationärer Bewohner kalter, sauerstoffreicher Fließgewässer (Forellenregion) und Seen. Nahrung: Jungfische ernähren sich von wirbellosen Bodentieren und Anflugnahrung, im Alter zunehmend von Fischen. Fortpflanzung: Laichzeit Oktober-März. Die bis zu 4 000 Eier (4 mm ∅) werden in Gruben auf kiesigem Grund abgelegt und anschließend mit Kies bedeckt. Die Geschlechtsreife tritt bei Männchen nach 2, bei Weibchen nach 3 Jahren ein.

Sonstiges: Beliebter Speisefisch. In der Natur kommt es gelegentlich zur Bastardisierung mit der Regenbogenforelle. Die Nachkommen sind steril.

Wandersaibling, Seesaibling

Salvelinus alpinus (LINNÉ) 1758 Salmonidae, Lachsfische

Merkmale: Variable Art. Torpedoförmiger Körper. Weite Mundspalte. Pflugscharbein-Stiel zahnlos. Fettflosse. Vorderrand der paarigen Flossen und der Afterflossen nur weiß gesäumt. Färbung: Rücken und Flanken braun bis olivgrün mit gelben oder rötlichen Punkten. Bauch gelborange, beim Männchen zur Laichzeit hellrot. Flossen: D III/9-10, A III/8-10, P I/12-13, V I/8.

Verbreitung: Aus der zirkumpolar verbreiteten anadromen Stammform des Wandersaiblings (*S. alpinus* L.) haben sich stationäre Unterarten wie die Seesaiblinge in den Alpen- und Voralpenseen entwickelt. Weiterhin kann man noch drei lokale bzw. ökologische Saibling-Formen unterscheiden: Tiefseesaibling (Schwarzreuter) bis 25 cm, Normalsaibling bis 40 cm und Wildfangsaibling bis 75 cm Länge.

Lebensweise: Freiwasserbewohner der Küstengewässer und Zuflüsse des nördlichen Eismeeres sowie größerer, sauerstoffreicher Seen. Nahrung: Je nach Form und Alter Zooplankton, wirbellose Bodentiere und Fische. Fortpflanzung: Die anadrome Stammform des Wandersaiblings zieht von September bis Oktober flußaufwärts. Das Ablaichen erfolgt in einigen Gebieten im gleichen Jahr, in anderen im darauffolgenden. Pro kg Körpergewicht werden vom Weibchen 3000-4000 Eier (∅ 3-4 mm) gelegt. Laichzeiten und -substrate bei stationären Unterarten und Lokalformen unterschiedlich.

Sonstiges: In Deutschland stark gefährdet.

Merkmale: Langgestreckter, seitlich abgeflachter Körper mit hohem Schwanzstiel und weiter Mundspalte. Beim Pflugscharbein sind Platte und Stiel bezahnt. Fettflosse. Färbung: Rücken braun bis olivgrün, entlang der Flanken ein breites, rosa schillerndes Band, Bauch silbrig glänzend. Sowohl auf dem Körper als auch auf der Schwanz-, Rücken- und Fettflosse befinden sich zahlreiche kleine, dunkle Flecken. Jungfische (bis 12 cm) mit 11-13 großen dunklen Flecken auf den Flanken. Länge: bis 35 cm (selten bis 70 cm lang und bis 7 kg schwer). Flossen: D IV/10, A III/10, P I/12, V I/8.

Verbreitung: Neuere Untersuchungen haben gezeigt, daß die aus Nordamerika stammenden Regenbogenforellen eng mit den Pazifischen Lachsen verwandt sind. Durch umfangreiche Besatzmaßnahmen ist diese Art mittlerweile weltweit verbreitet.

Lebensweise: In der nordamerikanischen Heimat gibt es anadrome und stationäre Formen. Bei uns ernähren sich verwilderte Bestände wie heimischen Formen der Bachforelle. Fortpflanzung: Die Laichzeit liegt abhängig vom Gewässer zwischen Oktober und Mai. Beide Elternteile schlagen Laichgruben in die der Rogener bis zu 2 000 Eier (4 mm ∅) legt. Nach 100-150 Tagen schlüpft die Brut. Die Jungfische wachsen schnell heran und werden nach 2-3 Sommern geschlechtsreif. Neuere Untersuchungen haben gezeigt, daß es auch in unseren Gewässern zu einer natürlichen Fortpflanzung kommen kann.

Sonstiges: Die Regenbogenforelle ist ein beliebter Speisefisch mit erheblicher wirtschaftlicher Bedeutung. Da sie im Vergleich zur heimischen Bachforelle höhere Wassertemperaturen und niedrigere Sauerstoffkonzentrationen verträgt, weniger Versteckmöglichkeiten benötigt und sich bereitwilliger mit Kunstfutter ernähren läßt, züchtet man sie als Speisefisch in Forellenteichwirtschaften und setzt sie sowohl in stehende Gewässer als auch in Flüsse und Bäche aus.

Rechts oben: Geschlechtsreifes Exemplar mit Laichhaken am Unterkiefer.
Rechts Mitte: Regenbogenforelle.
Rechts unten: Jungtier mit den für Lachsfische typischen dunklen Flecken.

Äsche

Thymallus thymallus (LINNÉ) 1758 Thymallidae, Äschen

Merkmale: Der gestreckte, seitlich abgeflachte Körper trägt eine Fettflosse. Der relativ kleine Kopf endet in einer spitzen Schnauze. Das mit kleinen Zähnen besetzte, leicht unterständige Maul reicht bis zum Vorderrand der Augen. Die Pupille ist nach vorne spitz ausgezogen. Besonders charakteristisch ist die fahnenartig verlängerte Rückenflosse des Männchens. Färbung: Rücken graugrün bis bläulich, Flanken und Bauch silbrig weiß mit messinggelben Längsstreifen. Kleine dunkle Punkte verteilen sich unregelmäßig, besonders auf dem Vorderkörper. Die Rückenflosse ist leuchtend pupurn gefärbt und dunkel gefleckt. Die Jungfische haben die für Salmoniden typischen, dunklen Flecken auf den Flanken. Flossen: D V-VII/14-17, A III-V/9-10, P I/15-16, V I/10-11. Länge: 25-35 cm, selten bis 60 cm.

Verbreitung: Unregelmäßig von Ostfrankreich über Mittel- bis nach Osteuropa. Darüber hinaus in England und weiten Teilen Skandinaviens. Im Süden reicht ihr Verbreitungsgebiet bis zu den Pyrenäen, Norditalien und der Donau.

Lebensweise: Äschen leben stationär in schnellfließenden und strukturierten Bächen und Flüssen mit klarem, sauerstoffreichem Wasser und Kies- oder Sandgrund. In Skandinavien kommen sie auch in klaren Seen vor. In der von ihr bewohnten und nach ihr benannten Äschenregion hat die Breite und Tiefe des Gewässers bereits zugenommen. Die Äsche hält sich bevorzugt in der Gewässermitte

oder am Rand tiefer Gumpen auf. Die Nahrung besteht aus wirbellosen Kleintieren (Bachflohkrebse, Insektenlarven, Schnecken) die mit der Strömung weggespült wurden, Anfluginsekten und kleinen Fischen. Fortpflanzung: Die Laichzeit liegt zwischen März und Mai. Das Weibchen schlägt an überströmten, kiesigen Stellen Gruben aus, in die bis 6 000 bernsteinfarbene Eier (3-4 mm ⌀) gelegt werden. Die Eier kleben nicht am Substrat. Der Laich wird nach der Befruchtung mit Kies bedeckt, da er nicht am Substrat kleben bleibt. Die Brut schlüpft nach etwa 2-4 Wochen und hält sich bis zum Freischwimmen zwischen Steinen versteckt. Männchen werden manchmal schon nach 2, die Weibchen erst nach 4 Jahren und bei einer Länge von 30 cm geschlechtsreif.

Sonstiges: Ihr Fleisch duftet nach Thymian, daher auch der wissenschaftliche Name Thymallus. Die Verschmutzung der Gewässer und die Zerstörung geeigneter Biotope durch gewässerbauliche Maßnahmen haben zum Rückgang dieser in Deutschland gefährdeten Art geführt. Da sie ein beliebter Angelfisch ist, wird vielerorts versucht die Bestände durch Besatzmaßnahmen zu stützen bzw. durch Gewässerreinhaltung und -renaturierung zu erhalten.

Die Äsche ist gegenüber kurzfristigen Verschlechterungen der Wasserqualität anpassungsfähiger als die Bachforelle.

Links: Erwachsene männliche Äsche mit der fahnenartig erweiterten Rückenflosse.
Rechts: Junge Äsche mit dunklen Flecken entlang der Flanke.

Stint, Wanderstint, Seestint

Osmerus eperlanus (LINNÉ) 1758 Osmeridae, Stinte

Merkmale: Schlanker, langge-streckter Körper. Weite, oberstän-dige und stark bezahnte Mund-spalte. Seitenlinie endet über den Brustflossen. Länge: Wanderstint bis 40 cm, Binnenstint (*O. eperla-nus f. spirinchus* Pallas) bis 15 cm. Flossen: D III/7-8, A III/10-13, P I/9-10, V II/7. Gurkenartiger Geruch.

Verbreitung: Von der Biskaya bis Südnorwegen, in der Ostsee und als anadromer Laichgast in Flüssen und Seen Nordeuropas.

Lebensweise: Schwarmfisch, der sich hauptsächlich von Plankton-krebsen ernährt. Während die Wanderstinte im Brackwasserbe-reich von Flußmündungen leben, kommt der kleinere Binnenstint in größeren Seen des Ostseegebietes und Englands vor. Fortpflanzung: Wanderstinte ziehen als anadrome Laichgäste von März bis Mai fluß-aufwärts. Binnenstinte laichen in Seen oder nach einer kurzen Wan-derung in deren Zuflüssen, an seichten Stellen über Sand- oder Kiesgrund, z.T. auch an Pflanzen. Die äußere Eihülle der bis zu 40 000 Eier (0,6-0,9 mm ∅) platzt nach dem Absinken: das Ei verklebt mit dem Substrat. Nach dem Laichge-schäft stirbt ein Großteil der Tiere. Von der Temperatur des Laichge-wässers abhängig, schlüpft die Brut nach 2-5 Wochen. Binnenstin-te sind nach 1-2, Wanderstinte nach 3-4 Jahren geschlechtsreif.

Sonstiges: Vermutlich verursa-chen unterschiedliche Umweltbe-dingungen während der Laichzeit die Bestandsfluktuationen in den einzelnen Jahren (Stintjahre). In Deutschland gefährdet.

Blaufelchen, Große Schwebrenke, Madümaräne

Coregonus lavaretus LINNÉ 1758 Coregonidae, Felchen

Merkmale: In Aussehen und Verhalten sehr veränderliche (polymorphe) Art. Langgestreckter, seitlich zusammengedrückter Körper. Fettflosse zwischen der Rücken- und der tief eingeschnittenen Schwanzflosse. Das unterständige Maul reicht bis zum vorderen Augenrand. Manche Bestände in der Ostsee haben eine nasenartig verlängerte Schnauze (Ostseeschnäpel). 25-39 (meist 30-34) Reusendornen auf dem 1. Kiemenbogen. Färbung: Rücken bläulichgrün bis dunkelgrün, Flanken und Bauch metallisch silbrig bis weiß. Länge: bis 70 cm. In nahrungsarmen Seen auch Kümmerformen mit 10–20 cm Länge. Flossen: D III/IV; A II-IV/ 10-12; P I/15-17; V I-II/9-7.

Verbreitung: Nordeuropa bis Sibirien. Innerhalb des Verbreitungsgebietes gibt es zahlreiche Rassen und Formen z. B. in den Seen des Alpen- und Voralpengebietes (Blaufelchen) und in der Ostsee (Ostseeschnäpel).

Lebensweise: Die zu den Renken oder Felchen gehörenden Arten bilden eigene Rassen und Formen aus, deren eindeutige Bestimmung oft sehr schwer ist. Die stationären Formen dieser Kaltwasserfische leben in größeren und tiefen Seen

mit sauerstoffreichem und klarem Wasser. An der Küste und im Brackwasser der Ostsee gibt es daneben auch anadrome Formen. Aufgrund der Lebensweise können bei den Renken zwei ökologischen Formen unterschieden werden: Schwebrenken, die bevorzugt im freien Wasser leben und sich von Zooplankton ernähren und Bodenrenken, die sich überwiegend von am Boden lebenden Kleintieren ernähren. Letztere haben weniger und kürzere Reusendornen auf dem 1. Kiemenbogen.

Fortpflanzung: Laichzeit innerhalb des Verbreitungsgebietes variabel; meistens November-Januar. Die Eiablage erfolgt bei den einzelnen Populationen unterschiedlich im freien Wasser oder ufernah über Sand- oder Geröllgrund. Die bis zu 50 000 Eier sinken auf den Boden. Die Larven schlüpfen je nach Wassertemperatur nach 2-4 Monaten.

Sonstiges: In einigen Gewässern sind die Felchen wirtschaftlich von großer Bedeutung. Infolge von Nähr- und Schadstoffbelastung sind die Bestände vieler Formen bedroht. Darüber hinaus gefährdet der Besatz mit Maränen aus anderen Gewässern die ursprünglichen Bestände in ihrer genetischen Identität.

Große Maräne, Gr. Bodenrenke, Sandfelchen

Coregonus nasus (PALLAS) 1776 Coregonidae, Maränen

Merkmale: Langgestreckter, heringsähnlicher Körper mit einer Fettflosse. Der Umfang ist größer als die halbe Körperlänge. Die kleine unterständige Mundspalte trägt keine Zähne und reicht nicht bis zum Augenrand. 20-29 (meist 24) kurze Reusendornen auf dem 1. Kiemenbogen. Färbung: Rücken blaugrau bis bräunlich, Flanken und Bauch silbrig bis weiß mit metallischem Glanz. Länge: 50-60 cm, selten bis 80 cm.

Verbreitung: Flüsse (Unterlauf) und tiefe Seen im Einzugsgebiet der Ostsee und des Eismeeres, sowie einige Seen in den Alpen und Voralpen.

Lebensweise: In den Fließgewässern kommen Wanderformen und in den Seen stationäre Formen vor. Die Nahrung besteht überwiegend aus wirbellosen Bodenorganismen wie z.B. Insektenlarven, Würmern, Muscheln und Schnecken. Fortpflanzung: Laichzeit: Oktober-Januar. Die Wanderformen ziehen flußaufwärts, Seepopulationen in seichte Uferregionen, um über kiesigem Grund zu laichen. Große Weibchen legen je nach Größe 15 000-30 000 Eier. Die Jungfische werden nach 4-5 Jahren geschlechtsreif.

Kleine Maräne, Zwergmaräne

Coregonus albula LINNÉ 1758 Coregonidae, Felchen

Merkmale: Langgestreckter, seitlich zusammengedrückter Körper. Fettflosse zwischen der Rücken- und der tief eingeschnittenen Schwanzflosse. Mundspalte oberständig. 36-52 Reusendornen auf dem 1. Kiemenbogen. Färbung: Rücken bläulich bis grünlich, Flanken und Bauch metallisch silbrig bis weiß. Länge: bis 30 cm. Flossen: D IV/8-9; A IV/10-12; P I/14-15; V II/10.

Verbreitung: England, Schottland, Ostseebecken. In einigen norddeutschen Seen östlich der Elbe. Im Waginger See (durch Besatz).

Lebensweise: Stationäre Formen leben im freien Wasser. Im Einzugsbereich der Ostsee gibt es auch anadrome Formen. Schwarmfisch. Nahrung: Meist Zooplankton (Wasserflöhe, Hüpferlinge), selten Anflugnahrung oder kleine Bodentiere.

Fortpflanzung: Laichzeit je nach Population September-Dezember. Die bis zu 5000 Eier (2 mm Ø) werden über Sand- oder Kiesgrund abgelegt. Die relativ kurzlebigen Fische wachsen schnell heran und werden bereits am Ende des zweiten Sommers geschlechtsreif.

Sonstiges: In einigen Ländern von großer wirtschaftlicher Bedeutung. Die anadromen Formen werden während des Laichaufstiegs in Massen gefangen.

Peledmaräne

Coregonus peled GMELIN 1789 Coregonidae, Maränen

Merkmale: Der Körper ist relativ hochrückig. Das endständige Maul trägt keine Zähne und reicht bis an das Auge. Auf dem 1. Kiemenbogen befinden sich 44-68 Reusendornen. Färbung: Rücken dunkel, Flanken und Bauch silbrigweiß mit metallischem Glanz. Länge: 30-40 cm (in Rußland bis 70 cm).

Verbreitung: Vom Einzugsgebiet der Ostsee über Finnland bis Sibirien.

Lebensweise: Neben stationären Seepopulationen gibt es auch Wanderformen, die in der Laichzeit flußaufwärts wandern und auf Kies- oder Sandbänken laichen. Dabei können große Weibchen über 100 000 Eier legen. Laichzeit: September-November. Peledmaränen ernähren sich hauptsächlich von Planktonkrebsen. Anpassungsfähig gegenüber niedrigen Sauerstoffkonzentrationen und erhöhten Wassertemperaturen.

Sonstiges: Wirtschaftlich wichtige Art, die besonders in Rußland in großen Mengen gefangen wird.

Schnäpel, Kleine Schwebrenke, Gangfisch

Coregonus oxyrhynchus LINNÉ 1758 Coregonidae, Maränen

Merkmale: Variable Art. Langgestreckter, seitlich zusammengedrückter Körper. Färbung: Rücken grau bis olivgrün, Flanken und Bauch silbrig glänzend (manchmal mit rötlichem Schimmer). Das Maul ist unterständig. Wanderformen haben eine nasenartig verlängerte Schnauze. 35-44 Reusendornen auf dem 1. Kiemenbogen. Bis 50 cm lang.

Verbreitung: Von Nordeuropa über Sibirien bis Alaska. Britische Inseln; Nord- und Ostsee; Seen im Einzugsgebiet der Ostsee, Alpen- und Voralpenseen (Gangfisch).

Lebensweise: Bevorzugt im freien Wasser lebender Schwarmfisch. Es gibt auch bei dieser Art stationäre Seepopulationen und anadrome Wanderformen. Im Vergleich zur Großen Schwebrenke toleranter gegenüber höheren Temperaturen und geringerem Sauerstoffgehalt des Wassers. Nahrung: Zooplankton, später zunehmend auch wirbellose Bodentiere.

Fortpflanzung: Laichzeit: November bis Dezember. Die Eiablage erfolgt in Ufernähe über Sand- oder Kiesgrund.

Sonstiges: Gewässerbauliche Maßnahmen und Gewässerverschmutzung haben in Deutschland zu einem dramatischen Rückgang der Wanderformen geführt. Stationäre Formen werden durch Zucht und Besatz verbreitet.

Kleine Bodenrenke, Kilch

Coregonus pidschian GMELIN 1789 Coregonidae, Maränen

Merkmale: Schlanker Körper mit unterständigem Maul. Je nach Verbreitungsgebiet 15-35 Reusendornen auf dem 1. Kiemenbogen. In den Alpen kommen besonders großäugige Formen vor. Färbung: Rücken blaugrün bis bräunlich, Flanken und Bauch silbrig bis weiß mit metallischem Glanz. Tiefenformen sind meist sehr hell gefärbt. Länge: 20-35 cm (in den Alpen), max. bis 50 cm.

Verbreitung: Mittel- und Nordschweden, Finnland und im Norden Rußlands; in Voralpen- und Alpenseen (Boden-, Chiem-, Ammer- und Thunersee). Darüber hinaus in Alaska und Sibirien.

Lebensweise: Die Kleine Bodenrenke bewohnt Flüsse und Seen, dabei bildet sie sowohl wandernde als auch stationäre Formen aus. Sie bevorzugen kühles Wasser und ernähren sich im Erwachsenenstadium von wirbellosen Bodenorganismen wie Insektenlarven, Kleinkrebsen, Muscheln und Schnecken. Fortpflanzung: Die Laichzeit liegt zwischen September und Januar. Bei einer Wassertemperatur von 4°C legen die Weibchen je nach Größe 8000-50000 Eier über Sand- oder Geröllgrund. Die Jungfische werden nach 3-4 Jahren geschlechtsreif.

Sonstiges: Die Bestände sind in vielen Gebieten durch die Gewässereutrophierung stark zurückgegangen.

Barbe, Flußbarbe

Barbus barbus LINNÉ 1758 Cyprinidae, Karpfenfische

Merkmale: Der langgestreckte, schlanke Körper ist am Bauch leicht abgeflacht. Die spitz zulaufende Schnauze ist rüsselartig verlängert. Das Maul ist unterständig und von fleischigen Lippen umgeben. An der Oberlippe befinden sich 4 Barteln. Färbung: Rücken braun bis olivfarben, Flanken grünlich mit goldfarbenem Glanz, Bauch weiß, Flossen grau bis grünlich mit rötlichem Schimmer. Flossen: D III/8-9, A III/5, P II/15-17, V II/8. Der dritte und längste Strahl der Rückenflosse ist verknöchert und am Hinterrand sägenartig gekerbt. Die Schlundzähne sind dreireihig und am Ende hakenartig gebogen: 2.3.4.- 5.3.2. Länge: 30-50 cm, maximal 90 cm. Gelegentlich treten goldfarbene Varianten auf.

Verbreitung: Von West- und Mitteleuropa nördlich der Alpen und Pyrenäen bis ans Schwarze Meer. Fehlt in Skandinavien, Dänemark, Irland, Schottland und weiten Teilen Englands. In Süd- und Osteuropa kommen 10 weitere Arten und zahlreiche Unterarten vor: Hundsbarbe (*B. meridionalis*), Iberische Barbe (*B. comiza*), Türkische Barbe (*B. cyclolepis*), Mazedonische Barbe (*B. prepensis*), Griechische Barbe (*B. graecus*), Albanische Barbe (*B. albanicus*), Kaukasische Barbe (*B. ciscaucasicus*), Bulatmai-Barbe (*B. capito*) und Aral-Barbe (*B. branchycephalus*).

Lebensweise: Die Barbe bewohnt bevorzugt sauerstoffreiche, klare und strukturreiche Fließgewässer mit Sand- oder Kiesgrund. Am häufigsten lebt sie im Mittellauf der Flüsse, in der nach ihr benannten

Barbenregion. Sie ist ein bodenorientierter Schwarmfisch, der in der Dämmerung und nachts auf Nahrungssuche geht. Tagsüber hält sie sich meist in Unterständen versteckt. Sie ernährt sich überwiegend von wirbellosen Kleintieren wie Insektenlarven, Würmern, Schnecken und Muscheln. Darüber hinaus frißt sie gelegentlich pflanzliche Kost, Fischlaich und kleine Fische. In der kalten Jahreszeit sammeln sich Barben in tiefer gelegenen, langsam umströmten Bereichen zur Winterruhe. Fortpflanzung: In der Laichzeit von Mai bis Juli wandern Barben in Schwärmen flußaufwärts, um im strömenden Wasser auf Kiesbänken oder an Steinen zu laichen. Die Männchen tragen dann einen Laichausschlag. Bis zu 8000 klebrige Eier (2 mm ∅) werden pro Weibchen gelegt. Der Laich und das umgebende Bauchfleisch sind giftig und verursachen nach dem Verzehr Er-

brechen, Durchfall und Herzbeschwerden. Die Larven schlüpfen nach 10-15 Tagen und verstecken sich zwischen Steinen bis der Dotter aufgebraucht ist. Nach etwa 4 Jahren und mit einer Länge von 30-40 cm werden sie geschlechtsreif. **Sonstiges:** Beliebter Speise- und Angelfisch, dessen Bestände durch gewässerbauliche Maßnahmen stark zurückgegangen sind. Im Rahmen von Flußregulierungen gebaute Staustufen und Wehre unterbinden die Laichwanderungen, verhindern den Zusammenhalt der Populationen und zerstören geeignete Laichplätze. In Deutschland ist die Barbe stark gefährdet.

Links: Jungfisch
Unten: Portrait Adultform

Gründling

Gobio gobio (LINNÉ) 1758 Cyprinidae, Karpfenfische

Merkmale: Körper langgestreckt, drehrund, nur am Schwanz seitlich zusammengedrückt; am unterständigen Mund sitzt in den Winkeln je eine, maximal bis zur Augenmitte reichende Bartel; wird bis 20 cm lang. Oberseite olivgrün bis hellbraun, Unterseite hellgrau. An der Seite bläulich schimmernde Flecken, die z. T. zu einem Band verschmelzen. Männchen mit Laichausschlag. Flossen: D III/7; A III/6; P I/14-15; V II/8; Brustflossen beim Männchen größer als beim Weibchen. Seitenlinie: 40-45 Schuppen; Schlundzahnformel: 3.5.-5.3. oder 2.5.-5.2.

Verbreitung: Von Sibirien bis Westfrankreich; fehlt in Nordskandinavien, Schottland, Spanien, Süditalien und auf der Pelepones.

Lebensweise: Gründlinge leben in Fließgewässern, in den Uferregionen von Seen und im Brackwasser der Ostsee. Bodenbewohnender Schwarmfisch, der meist mit dem Kopf gegen die Strömung nach Nahrung sucht. Nahrung: Insektenlarven, kleine Krebse und Würmer. Fortpflanzung: Wird nach 2 Jahren geschlechtsreif. Laichzeit: Mai-Juni. Die 1000-3000 Eier (ca. 1,5 mm ∅) werden an seichten Stellen portionsweise auf Steine oder Wasserpflanzen abgelegt.

Sonstiges: In Frankreich ein geschätzter Speisefisch. Der in der Donau und ihren Zuflüssen lebende Steingreßling unterscheidet sich vor allem durch die längeren Barteln und den schmäleren Schwanzstiel. In Mitteleuropa zwei weitere Arten: *G. albipinnatus* und *G. kessleri.*

Aland, Orfe, Nerfling

Leuciscus idus (LINNÉ) 1758 Cyprinidae, Karpfenfische

Merkmale: Gestreckter, leicht hochrückiger und seitlich abgeflachter Körper. Das Maul liegt endständig. Verwechselungsgefahr mit dem Döbel. Dieser hat eine weitere Mundspalte und größere Schuppen. Färbung: Rücken grau bis bläulich; Flanken silbrig glänzend, zur Laichzeit messingfarben. Brust-, Bauch- und Afterflosse rötlich. Flossen: D III/8-9, A III/9-10, P I/15-16, V II/8. Die Schlundzähne sind zweireihig und an den Enden leicht gebogen: 3.5.-5.3. Eine goldfarbene Form (Goldorfe) wird häufig in Teichen und Aquarien gehalten. Länge: 30-50 cm (selten bis 80 cm).

Verbreitung: Von Mittel- über Osteuropa bis nach Sibirien.

Lebensweise: Geselliger Ufer- und Oberflächenfisch in Fließgewässern (Barben- bis Bleiregion), Flußseen und Seen. Nahrung: Jungfische bevorzugen Kleinkrebse, ältere Tiere dagegen Insektenlarven, Schnecken, Muscheln und kleine Fische. Fortpflanzung: Der Aland wird nach etwa 5-6 Jahren geschlechtsreif. Zur Laichzeit tragen die Männchen einen schwachen Laichausschlag. Von März-Mai ziehen die Tiere in Schwärmen flußaufwärts, um an ruhigen Stellen zu laichen. Die Weibchen legen bis zu 100 000 Eier (1,5 mm $\varnothing$) an Steine, Wurzeln oder Wasserpflanzen. In Seen ist der Aland ein Standfisch.

Sonstiges: In Deutschland gefährdet. Die Zerstörung von Laichplätzen und die Verschmutzung haben einen starken Rückgang der Bestände verursacht.

Döbel, Aitel

Leuciscus cephalus (LINNÉ) 1758 Cyprinidae, Karpfenfische

Merkmale: Der langgestreckte, torpedoförmige Körper ist im Querschnitt fast rund. Der Kopf ist groß und breit. Die Mundspalte ist weit und endständig. Aufgrund der großen, dunkel geranderten Schuppen wirkt der Körper netzartig gezeichnet. Die Grundfärbung ist silbrig oder gold glänzend. Die Bauch- und die Brustflossen sind meistens rötlich gefärbt. Der äußere Rand der Afterflosse ist leicht nach außen gewölbt. Flossen: D III/8-9, A III/7-9, P I/16-17, V II/8. Die Schlundzähne sind zweireihig: 2.5.-5.2. Länge: 30-40 cm (selten bis 60 cm und 4 kg schwer).

Verbreitung: Europa. Fehlt in Irland, Schottland und im Norden Skandinaviens. In den Zuflüssen des Schwarzen Meeres lebt der nahverwandte Bobyrez (*Leuciscus borysthenicus* KESSLER).

Lebensweise: Der Döbel ist ein oberflächenorientierter Bewohner stark strömender Bäche und Flüsse (untere Forellenregion bis Barbenregion). In Flußseen und im Brackwasser findet man ihn nur selten. Jungfische leben bevorzugt im Schwarm und ernähren sich von Insektenlarven, Kleinkrebsen und Anfluginsekten. Im Alter werden sie zunehmend zu Einzelgängern, die Fische, Fischlaich, Amphibien, Krebse und gelegentlich auch Mäuse fressen. Die Männchen tragen in der Laichzeit von April-Juni einen feinkörnigen Laichausschlag. Große Weibchen legen bis zu 100 000 klebrige Eier (1,5 mm ∅) an Wasserpflanzen, Wurzeln oder Steine. Die Larven schlüpfen nach ca. 1 Woche. Nach 3-4 Jahren werden sie geschlechtsreif.

Sonstiges: Der Döbel ist ein beliebter Angelfisch, der aufgrund seines grätenreichen Fleisches als Speisefisch keine wirtschaftliche Bedeutung hat.

Der Döbel wird oft mit dem Aland oder dem Graskarpfen verwechselt. Um die Bestimmung zu erleichtern, ist neben einem erwachsenen Exemplar auch ein Jungfisch angebildet.
Rechts oben: Kopf des Döbels
Rechts Mitte: Habitus des Döbels
Rechts unten: Jungfisch

Hasel, Häsling

Leucisus leuciscus (LINNÉ) 1758 Cyprinidae, Karpfenfische

Merkmale: Langgestreckter, fast drehrunder Körper mit relativ kleinem Kopf. Die enge, leicht unterständige Mundspalte reicht nicht bis unter die Augen. Silbriggraue Grundfärbung. Oberseite dunkler mit bläulichem Glanz. Brust-, Bauch- und Afterflosse leicht gelborange. Der freie Rand der Afterflosse ist eingebuchtet, die Schwanzflosse stark ausgeschnitten. Bis 30 cm lang. Schlundzähne zweireihig: 2.5.-5.2.(3.) Seitenlinie 48-54 Schuppen. Flossen: DIII/7, PI/16-17,V II/8,A III/8-9.

Verbreitung: Europa nördlich der Alpen und Pyrenäen. Fehlt in Schottland, Irland, Nord- und Westnorwegen und auf dem westlichen und südlichen Balkan. In Deutschland weit verbreitet; die Bestände sind aber lokal stark zurückgegangen. In Südfrankreich gibt es im Einzugsgebiet von Rhone, Garonne und Adour eine Unterart (*L. l. burdigalensis*).

Lebensweise: Geselliger Ufer- und Oberflächenfisch. Lebt bevorzugt in kühlen, sauerstoffreichen und schnellströmenden Fließgewässern und Flußseen mit festem Grund. Kommt auch in den Haffen der Ostsee vor. Nahrung: Plankton, Anfluginsekten, Insektenlarven, Würmer, Schnecken und gelegentlich Pflanzenteile. Fortpflanzung: Laichzeit: März-Mai. Der Hasel wird erst nach 3 Jahren geschlechtsreif. Die 2 000-20 000 Eier (2 mm ∅) werden über sandigem oder kiesigem Bodengrund und an Wasserpflanzen abgelegt. Männchen tragen einen feinkörnigen Laichausschlag.

Perlfisch

Rutilus frisii meidingeri (HECKEL) 1852 Cyprinidae, Karpfenfische

Merkmale: Der Körper ist langgestreckt, spindelförmig und im Querschnitt fast rund. Das kleine Maul ist endständig. Färbung: Rücken dunkelgrün bis grau, Flanken und Bauch weiß mit silbrigem Glanz. Die Männchen tragen zur Laichzeit einen starken, perlenförmigen Ausschlag (Name!). Flossen: D III/8-9, A III/9-11, P I/16-17, V II/8-9. Länge: 40-70 cm.

Verbreitung: Die Stammart *R. f. frisii* lebt als anadrome Wanderart im Brackwasser des nordwestlichen Schwarzen Meeres. *R. f. meidingeri* lebt in einigen Seen und deren Zuflüssen im Einzugsgebiet der Donau (Chiem-, Tarun-, Atter- und Mondsee).

Lebensweise: Der Perlfisch bewohnt gesellig die Tiefenregion größerer Seen. Er ernährt sich von Insektenlarven, Kleinkrebsen und kleinen Fischen. Fortpflanzung: Von April bis Mai zieht er in die Zu- und Abflüsse, um an flachen Stellen mit Kiesgrund zu laichen.

Sonstiges: Die durch die Verschmutzung der Gewässer und die Zerstörung geeigneter Laichplätze rückläufigen Bestände sind vom Aussterben bedroht.

Frauennerfling, Frauenfisch

Rutilus pigus virgo (HECKEL) 1852 Cyprinidae, Karpfenfische

Merkmale: Der gestreckte Körper ist seitlich zusammengedrückt und mehr oder weniger hochrückig. Er hat einen relativ kleinen Kopf mit leicht unterständigem Maul und großen Schuppen. Färbung: Rükken und Flanken grünlich mit metallischem Glanz, Bauch silbrig, Flossen orange bis rötlich. Schlundzähne: 6-5 oder 5-5. Flossen: D III/9-12, A III/9-12, P I/16-17, V II/8-9. Länge: 20-40 cm.

Verbreitung: *R.p. virgo* lebt endemisch in der Donau und ihren Nebenflüssen (von Bayern bis Ungarn). Die Stammform *Rutilus pigus* (LACÉPÈDE) kommt in Flüssen und Seen der Schweiz und Oberitaliens vor.

Lebensweise: Der Frauenfisch ist ein bodenorientierter Tiefenfisch, der bevorzugt den Ober- und Mittellauf von Fließgewässern bewohnt. Er ernährt sich wahrscheinlich von wirbellosen Bodentieren (Insektenlarven, Würmer und Kleinkrebse). In der Laichzeit (April-Mai) tragen die Männchen einen Ausschlag. Nur dann kommen sie ans Ufer, um an Wasserpflanzen und Steinen zu laichen. Bis zu 60000 klebrige Eier werden von einem Weibchen gelegt.

Sonstiges: Vermutlich hat die Regulierung der Flüsse zum starken Rückgang dieser vom Aussterben bedrohten Art geführt (in Baden-Württemberg sind die Bestände wahrscheinlich erloschen).

Plötze, Rotauge

Rutilus rutilus (LINNÉ) 1758 Cyprinidae, Karpfenfische

Merkmale: Körper spindelförmig und von den Ernährungsbedingungen abhängig mehr oder weniger hochrückig. Die Mundspalte ist endständig. Färbung: Rücken dunkelgrau bis oliv mit metallischem Glanz, Flanken und Bauch grau bis weiß und silbrig glänzend. Von der Rotfeder (Verwechselungsgefahr) kann die Plötze durch die rötlich gefärbte Iris (Name), den zwischen Bauch- und Afterflosse gerundeten Bauch und den vorderen Ansatz der Rückenflosse unterschieden werden. Dieser liegt bei der Plötze senkrecht über oder knapp hinter dem Ansatz der Bauchflossen. Flossen: D III/9-11, A III/9-11, P I/15, V II/8. Schlundzähne: 6-5 oder 6-6. Länge: 15-30 cm (selten bis 50 cm).

Verbreitung: Von Europa nördlich der Alpen und Pyrenäen bis nach Sibirien. Fehlt im Nordwesten Skandinaviens.

Lebensweise: Schwarmfisch der Ufer- und Freiwasserregion, der stationäre und wandernde Formen ausbildet. Aufgrund des starken Anpassungsvermögens und des hohe Vermehrungspotentials neigen Plötzen zur Massenvermehrung und zum Zwergwuchs (Verbuttung). Nahrung: Die Brut ernährt sich von Plankton, erwachsene Exemplare von größerem Zooplankton, Würmern, Schnecken, Muscheln und Anflugnahrung. Gelegentlich wird auch pflanzliche Nahrung verzehrt. Fortpflanzung: Je nach Witterung laichen Plötzen bei einer Wassertemperatur von mindestens 10°C von April-Mai an seichten Uferregionen. Dabei werden vom Weibchen unter heftigem Geplätscher bis zu 100 000 Eier an Pflanzen, Wurzeln oder Steine gelegt. Die Männchen tragen zur Laichzeit einen schwachen Laichausschlag. Die nach etwa 4-10 Tagen schlüpfenden Larven haben am Kopf Klebedrüsen, mit denen sie sich bis zur Aufzehrung des Dottervorrates an das Substrat heften. Die Geschlechtsreife tritt von den Umweltbedingungen abhängig nach 3-5 Jahren ein.

Sonstiges: Die Plötze ist aufgrund ihrer Häufigkeit einer der wichtigsten Nahrungsfische für Raubfische.

Rotfeder

Scardinius erythrophthalmus (LINNÉ) 1758 Cyprinidae, Karpfenfische

Merkmale: Gedrungener, hochrückiger, seitlich abgeflachter Körper mit steil nach oben gerichtetem, oberständigem Maul. Im Gegensatz zur Plötze (Verwechselungsgefahr) ist bei der Rotfeder der vordere Ansatz der Rückenflosse deutlich hinter dem der Bauchflossen. Darüber hinaus hat der Bauch zwischen Bauch- und Afterflosse einen Kiel. Färbung: Körper gelblich, messingfarben, mit metallischem Glanz. Die Flossen sind an der Basis grau bis braun und außen intensiv hellrot gefärbt (Name). Flossen: D II-III/8-9, A III/ 9-12, P I/15-16, V II/8. Die Schlundzähne sind zweireihig: 3.5.-5.3. Länge: 20-30 cm (max. 40 cm).

Verbreitung: Von Westeuropa bis Mittelasien. Fehlt im Süden der Iberischen Halbinsel, im nördlichen Schottland und in Teilen Skandinaviens.

Lebensweise: Geselliger Uferfisch, der bevorzugt in stehenden und langsam fließenden Gewässern mit dichten Pflanzenbeständen lebt. Nahrung: Die Rotfeder ernährt sich überwiegend vegetarisch. Neben weichblättrigen Pflanzen (Wasserpest, Laichkraut, Tausendblatt) und Algen werden aber auch Insektenlarven, Kleinkrebse und Schnecken gefressen. Fortpflanzung: Laichzeit: April-Juni. In dieser Zeit tragen die Männchen einen feinkörnigen Laichausschlag. Von der Größe des Weibchens abhängig werden bis zu 200 000 klebrige Eier (1,5 mm $\varnothing$) an seichte und bewachsene Uferstellen abgelegt. Die nach etwa 3-10 Tagen schlüpfenden Larven heften sich mit Klebedrüsen an Wasserpflanzen fest, bis der Dottervorrat aufgezehrt ist. Da Rotfedern gelegentlich gemeinsam mit anderen Karpfenfischen (z.B. Plötzen, Güster und Ukelei) ablaichen, kommen auch Bastarde zwischen diesen Arten vor. Die Geschlechtsreife tritt mit 2-3 Jahren ein.

Deutlich sichtbar hier die Unterscheidungsmerkmale – Iris, Ansatz der Rückenflosse – der ansonsten leicht verwechselbaren Arten, Plötze (links oben) und Rotfeder (links unten).
Links Mitte: Plötzenschwarm

Ukelei, Laube, Blecke

Alburnus alburnus (LINNÉ) 1758 Cyprinidae, Karpfenfische

Merkmale: Lang gestreckter, seitlich abgeflachter und schlanker Körper. Die Mundspalte ist oberständig und schräg nach oben gerichtet. Die Seitenlinie ist durchgehend. Die Schuppen fallen bei Berührung leicht aus. Färbung: Rücken graugrün bis hellgrau, Flanken und Bauch silbrig glänzend. Flossen: D III/8, A III/17-20, P I/15, V II/8. Schlundzähne zweireihig: 2.5.-5.2. Länge: 15-20 cm (selten bis 25 cm)

Verbreitung: Europa nördlich der Alpen und Pyrenäen. Fehlt in Irland, Schottland und Nordwestskandinavien.

Lebensweise: Der Ukelei lebt in der Ufer- und Freiwasserregion stehender und langsam fließender Gewässer. Er ist ein Schwarmfisch, der sich bevorzugt in der Nähe der Wasseroberfläche aufhält und sich von Plankton, Kleinkrebsen, Anflugnahrung und Algen ernährt. Fortpflanzung: Laichzeit: April-Juni. An flachen Uferstellen werden pro Weibchen bis 1500 klebrige Eier an Wasserpflaanzen, Wurzeln und Steine gelegt. Die Larven schlüpfen nach 5-10 Tagen. Die Geschlechtsreife tritt nach 2-3 Jahren ein.

Sonstiges: Der Ukelei wurde früher in Massen gefangen, um ihn als Dünger oder zur Herstellung künstlicher Perlen zu verwenden. Aus den in den Schuppen eingelagerten Guaninkristallen gewann man das Fischsilber.

Moderlieschen

Leucaspius delineatus (HECKEL) 1843 Cyprinidae, Karpfenfische

Merkmale: Gestreckter, schlanker Körper. Oberständige, schräg nach oben gerichtete Mundspalte. Die unvollständige Seitenlinie erstreckt sich nur über 7-12 Schuppen. Die silbrig glänzenden Schuppen fallen bei Berührung leicht aus. Färbung: Rücken graublau, Flanken silbrig, Bauch weiß, ein blauer Streifen reicht von der Körpermitte bis zur Schwanzwurzel. Flossen: R III/8. AIII/11-13, P I/13, V II/8. Schlundzähne ein- oder zweireihig: 4-5. Länge: 6-8 cm, selten bis 12 cm.

Verbreitung: Mittel- und Osteuropa

Lebensweise: Schwarmfisch, der bevorzugt in pflanzenreichen Flachlandseen und Teichen sowie gelegentlich in langsam fließenden Flüssen, Bächen und Gräben vorkommt. Meistens halten sich Moderlieschen in der Nähe der Wasseroberfläche auf und ernähren sich von Plankton und Anflugnahrung. Fortpflanzung: In der Laichzeit (April-Mai) werden vom Weibchen über eine kurze Legeröhre ca. 100 Eier (1 mm ⌀) spiralförmig an Wasserpflanzenstengel gelegt. Das Männchen bewacht und befächelt den Laich, bis nach 9-12 Tagen die Larven schlüpfen. Nach 1 Jahr geschlechtsreif.

Sonstiges: Da es in kleinen Gewässern in regelmäßigen, mehrjährigen Abständen zur Massenvermehrung dieser Fische kommt, wurde die Art „Moderloseken" genannt, woraus später Moderlieschen wurde.

Güster, Blicke

Blicca bjoerkna (Linné) 1758 Cyprinidae, Karpfenfische

Merkmale: Hochrückiger, seitlich zusammengedrückter Körper. Maul leicht unterständig und ausstülpbar. Vom sehr ähnlichen Blei unterscheidet sich die Güster in folgenden Merkmalen: Augendurchmesser größer als Mundspalte; Brustflossen reichen zurückgelegt nicht bis zum Ansatz der Bauchflossen; die paarigen Flossen sind an der Basis rötlich gefärbt; Schlundzähne zweireihig. Länge: 20-35 cm. Färbung: silbrig. Männchen während der Fortpflanzungszeit mit feinkörnigem Laichausschlag. Flossen: D III/8; A III/19-23; P I/14-15; V II/8. Seitenlinie: 45-50 Schuppen. Schlundzahnformel: 2.5.-5.2. (selten 3.5.-5.3.).

Verbreitung: Mitteleuropa nördlich der Alpen und Pyrenäen. In Großbritannien nur in einigen Flüssen im Osten. Fehlt in Nordskandinavien und auf dem Balkan.

Lebensweise: Geselliger Bewohner stehender und langsam fließender Gewässer (Bleiregion). Die Güster hält sich bevorzugt am Boden und in der Ufervegetation auf. Nahrung: Überwiegend wirbellose Bodentiere, wie Zuckmückenlarven (Chironomiden), Röhrenwürmer (Tubifex), kleine Muscheln und Schnecken, gelegentlich aber auch Plankton und Wasserpflanzen. Aufgrund des Freßverhaltens und des Nahrungsspektrums Konkurrent des Bleis und der Plötze. Fortpflanzung: Güstern bleiben kleiner als Bleie und wachsen langsamer. Nach 3-4 Jahren werden sie mit einer Länge von 15-20 cm geschlechtsreif. Zur Laichzeit (Mai-Juni) ziehen sie in Schwärmen an seichte Uferstellen mit dichtem Pflanzenwuchs. Die Eiablage erfolgt unter lebhaftem Geplätscher. Je nach Körpergewicht legt das Weibchen in drei Raten zwischen 20 000-100 000 gelbe Eier (2 mm ∅), die an den Wasserpflanzen des Laichplatzes kleben bleiben.

Sonstiges: Sehr anpassungsfähige Art, die innerhalb ihres Verbreitungsgebietes häufig in Massen vorkommt. Wegen der vielen Gräten kaum als Speisefisch genutzt. Überpopulationen werden mancherorts mit Zug- und Schleppnetzen befischt, um den Kokurrenzdruck auf weniger anpassungsfähige Arten zu mildern.

Um die Bestimmung zu erleichtern, wurde die Güster zusätzlich im Portrait (rechts oben) abgebildet, auf dem das Verhältnis von Augendurchmesser und Mundspalte deutlich wird.
Rechts unten: Typisch ausgefärbte Güster.

Blei, Brachsen, Brassen

Abramis brama (LINNÉ) 1758 Cyprinidae, Karpfenfische

Merkmale: Hochrückiger, seitlich zusammengedrückter Körper. Maul leicht unterständig und vorstülpbar. Augendurchmesser kleiner als die Mundspalte. Brustflossen erreichen zurückgelegt den Ansatz der Bauchflossen. Färbung: Grau (bleigrau), silbrig glänzend; ältere Tiere gelbgrau mit Bronzeglanz. Während der Fortpflanzungszeit tragen die Männchen einen starken Laichausschlag (weiße, später gelbliche Knötchen). Im Netz gefangene Exemplare oft mit blutunterlaufener Schleimhaut. Flossen: D III/9; A III/23-28; P I/15; V II/8. Seitenlinie: 51-56 Schuppen. Schlundzahnformel: 5-5 (schlanke Zähne). Länge: 30-40 cm (max. 75 cm und bis 6 kg schwer).

Verbreitung: Mitteleuropa, nördlich der Alpen und Pyrenäen. Fehlt in Nordschottland, im nördlichen Skandinavien und in Teilen des Balkans. Im Osten reicht das Verbreitungsgebiet bis zum Ural. In der unteren Donau, im Aralsee und im Kaspischen Meer gibt es mehrere Unterarten.

Lebensweise: Schwarmbildender Bodenfisch stehender und fließender Gewässer (Leitfisch der sog. Bleiregion) mit hohem Nährstoffgehalt und Schlammgrund. Er kommt auch im Brackwasser der Ostsee vor. Während die Jugendstadien bevorzugt in der Uferregion leben, halten sich größere Exemplare vorwiegend in tieferen Bereichen auf und kommen nur nachts zur Nahrungssuche in seichte Uferbereiche. Den Winter überdauern Bleie in Schwärmen an tie-

fen und geschützten Stellen. Nahrung: Die Jungendstadien ernähren sich zunächst von Plankton, später zunehmend von wirbellosen Bodenorganismen wie Zuckmückenlarven (Chironomiden), Büschelmückenlarven, Röhrenwürmer (Tubifex), Schnecken und kleinen Muscheln, die sie fast senkrecht stehend mit dem rüsselartig vorstreckbaren Maul aus dem Schlamm aufsaugen. Dabei hinterlassen sie trichterförmige Gruben (Fraßtrichter) im Boden. Bei Sauerstoffmangel in tieferen Wasserschichten bzw. bei Überpopulationen fressen Bleie auch Pflanzen und Plankton als Ersatznahrung. Unter solchen Bedingungen bleiben die Bestände oft im Wachstum zurück (Verbuttung). Fortpflanzung: Unter günstigen Bedingungen werden Bleie nach etwa 3-4 Jahren und mit einer Länge von 20 bis 30 cm geschlechtsreif. Laichzeit: Mai-Juli. Die Männchen grenzen an seichten, krautigen Uferstellen Laichreviere ab. Der Laich wird meistens nachts unter lebhaftem Geplätscher an Wasserpflanzen abgelegt. Die 200 000-300 000 Eier haben einen Durchmesser von 1,5 bis 2 mm. Die 4 mm langen Larven schlüpfen nach 3-12 Tagen und heften sich bis zum Freischwimmen mit Klebedrüsen an Wasserpflanzen. In den ersten Lebensjahren hält sich der Blei überwiegend in der Uferregion auf. Später bevorzugt er die vegetationslosen Zonen am Gewässergrund (Profundal).

Sonstiges: Der Blei ist anpassungsfähig und in seinem Verbreitungsgebiet sehr häufig. Wegen des schmackhaften Fleisches gehört er zu den wichtigsten Speisefischen.

Zobel, Scheibpleinzen

Abramis sapa (PALLAS) 1811 Cyprinidae, Karpfenfische

Merkmale: Hochrückiger, seitlich stark abgeflachter Körper. Kopf rammsnasig, stumpf. Leicht unterständiges Maul. Große Augen. Färbung: Rücken dunkelgrau; Flanken silbrig weiß mit Perlmuttglanz; Bauch weißlich; Flossen hellgrau; Rücken- und Afterflosse mit dunklem Saum. Unterer Lappen der Schwanzflosse verlängert. Afterflosse sehr lang. Flossen: D III/8, A III/38-45, P I/15, V II/8. Seitenlinie: 50-52 Schuppen. Schlundzähne einreihig: 5-5. Länge: 15-20 cm, selten bis 35 cm.

Verbreitung: Einzugsgebiet der Donau und der nördlichen Zuflüsse des Schwarzen und des Kaspischen Meeres.

Lebensweise: Bodenorientierter Schwarmfisch langsam fließender und stehender Gewässer, sowie im Brackwasser des Schwarzen und Kaspischen Meeres. Nahrung: Am Boden lebende Insektenlarven, Kleinkrebse, Schnecken und Würmer, selten auch Pflanzen. Fortpflanzung: Männchen trägt zur Laichzeit einen feinen Laichausschlag. Laichzeit: April-Mai. Zum Laichen wandern Brackwasserpopulationen stromaufwärts. Die 8 000-100 000 Eier (2 mm $\varnothing$) werden an pflanzenreichen Uferpartien abgelegt. Geschlechtsreife am Ende des 3.-4. Lebensjahres.

Sonstiges: In Deutschland vom Aussterben bedroht. Der Ausbau der Gewässer und die Verschlechterung der Gewässergüte haben zum Rückgang dieser Art beigetragen. Schuppen dienten früher zur Herstellung künstlicher Perlenessenz.

Zope, Pleinzen

Abramis ballerus (LINNÉ) 1758 Cyprinidae, Karpfenfische

Merkmale: Hochrückiger, seitlich zusammengedrückter Körper. Kleiner Kopf, spitze Schnauze. Endständige, schräg nach oben gerichtete Mundspalte. Färbung: Silbrig glänzend; besonders an den Ansatzstellen der Flossen auch rötlich und gelblich. Rückenflosse schmal und hoch. Afterflosse relativ lang. Der untere Lappen der Schwanzflosse ist deutlich länger als der obere. Flossen: D III/8; A III/36-43; P I/15; V II/8. Seitenlinie: 66-73 Schuppen. Schlundzahnformel: 5-5. Länge: 20-30 cm. Selten bis 35 cm. Verwechselungsgefahr mit Blei, Güster und Zobel.

Verbreitung: Unterlauf von Elbe, Weser, Zuflüsse der Ostsee, des Schwarzen und des Kaspischen Meeres. In der Donau bis Oberösterreich.

Lebensweise: Geselliger Freiwasserbewohner langsam fließender und stehender Gewässer. Vor allem im Mündungsbereich großer Flüsse. Nahrung: Zooplankton und wirbellose Bodentiere. Fortpflanzung: Laichreife Tiere ziehen schwarmweise aus den Unterläufen der Flüsse stromaufwärts. Laichzeit: April-Mai. Der 4000-25000 Eier umfassende Laich wird an seichten, pflanzenreichen Uferpartien mit starker Strömung abgelegt. Die 1,5 mm (∅) großen Eier bleiben am Laichsubstrat kleben. Die Larven schlüpfen nach 10-14 Tagen. Geschlechtsreife am Ende des 4.-5. Lebensjahres und bei einer Länge von 18-20 cm.

Sonstiges: In Deutschland stark gefährdete Art.

Elritze, Pfrille, Bitterfisch

Phoxinus phoxinus (LINNÉ) 1758 Cyprinidae, Karpfenfische

Merkmale: Körper spindelförmig, langgestreckt und im Querschnitt rundlich. Maul klein und endständig. Oberseite olivgrün bis dunkelbraun gefärbt mit dunklen Flecken bzw. Binden. Unterseite heller, beim Männchen zur Laichzeit rot. Oberhalb der Seitenlinie ein goldglänzender Streifen. Während der Laichzeit mit Laichausschlag. Flossen: D II-III/6-8; A III/7-8; P I/14-16; V II/7-8; Seitenlinie meistens nur bis zur Körpermitte ausgebildet, 80-110 Schuppen; Schlundzähne zweireihig: 2.5-4.2. oder 2.4.-4.2.; 6-10 cm (max. 14 cm).

Verbreitung: Von Nordspanien und Norditalien bis nach Asien, fehlt in Nordskandinavien, Schottland und auf dem Pelepones.

Lebensweise: Dieser lebhafte Schwarmfisch kommt sowohl im Brackwasser der Ostsee als auch in den Bächen der Forellenregion vor (in den Alpen bis 2 000 m Höhe). Er bevorzugt klare, sauerstoffreiche, flache Fließgewässer und Seen mit kiesigem Grund. Nahrung: Elritzen jagen häufig an der Wasseroberfläche nach Anfluginsekten. Daneben ernähren sie sich von Insektenlarven und Kleinkrebsen. Fortpflanzung: Zur Laichzeit (April-Juli) ziehen Elritzen oft in großen Schwärmen kurz flußaufwärts, bzw. in Seen an die Ufer. Das Ablaichen erfolgt auf flachen Kiesbänken. Je nach Größe legen die Weibchen 200-1000 klebrige Eier (1-1,3 mm $\varnothing$).

Sonstiges: Der rapide Bestandsrückgang in Deutschland wird wahrscheinlich von mehreren Faktoren verursacht: Belastung der Gewässer mit Dünge- und Spritzmitteln, Zerstörung der Lebensräume, Versauerung der Gewässer (z. B. im Schwarzwald) und intensive Nutzung von kleinen Fließgewässern durch die Bewirtschaftung mit Forellen.

Wird oft als Laichräuber und Nahrungskonkurrent der Forellen angesehen. Große Forellen und Saiblinge hingegen ernähren sich auch von Elritzen.

Als leicht zu haltender Aquarienfisch dienten Elritzen als Versuchstiere bei der Untersuchung von Sinnesleistungen. So hat man z. B. herausgefunden, daß es im Hautschleim Lockstoffe gibt, die den Zusammenhalt eines Schwarmes gewährleisten. Darüber hinaus werden bei Verletzungen Substanzen frei, die sowohl bei Artgenossen als auch bei anderen Karpfenartigen Schreckreaktionen hervorrufen. Ebenfalls gut erforscht ist die Schallwahrnehmung und das Farbsehen der Elritzen.

Schneider, Alandblecke, Schußlaube

Alburnoides bipunctatus (BLOCH) 1782 Cyprinidae, Karpfenfische

Merkmale: Zwei Reihen schwarzer Punkte säumen beim Schneider die Seitenlinie wie eine Doppelnaht (Name). Das Maul ist endständig. Graugrüne Grundfärbung mit leichtem Goldglanz, besonders während der Laichzeit mit einem dunklen Band über der Seitenlinie; Flossenbasen meist orange. Bis 14 cm lang (selten bis 16 cm). Flossen: D III/7-8; A III-/15-17; P 1/14; V II/7-8, Seitenlinie: 90-110 Schuppen; Schlundzahnformel: 4-5, selten 5-5.

Verbreitung: Von Frankreich bis zum Ural. Fehlt südlich der Pyrenäen und der Alpen sowie in Nordeuropa.

Lebensweise: Der Schneider bevorzugt klare, schnell fließende Gewässer und reagiert empfindlich auf Verschlechterungen der Wassergüte. Bodenorientierter, geselliger Schwarmfisch, der sich sowohl von wirbellosen Bodentieren als auch von Anflugnahrung ernährt. Fortpflanzung: Laicht von Mai-Juni an seichten Stellen mit Kiesgrund. Die im ∅ 2 mm großen Eier sind sehr klebrig.

Sonstiges: In Deutschland ist der Schneider stark gefährdet. Im Einzugsgebiet der Elbe sind die Bestände bereits erloschen. Nachdem die Vermehrung unter künstlichen Bedingungen möglich ist, hofft man auf eine Neu- bzw. Wiederansiedlung durch gezielte Besatzmaßnahmen.

Strömer

Leuciscus souffia R<small>ISSO</small> 1826 Cyprinidae, Karpfenfische

Merkmale: Körper gestreckt und im Querschnitt fast rund. Das Maul ist leicht unterständig. Rücken- und Bauchflosse stehen auf gleicher Höhe. Grundfärbung graugrün. Besonders zur Laichzeit haben die Männchen auf der Flanke eine dunkle, violett glänzende Längsbinde. Die Seitenlinie ist orangegelb gefärbt. Bis 25 cm lang. Schlundzähne zweireihig: 2.5.-5.2.; Seitenlinie: 50-56 Schuppen. Flossen: D II/8, P I/13-14, V II/8, A III/8-9.

Verbreitung: Der Strömer kommt in drei geographischen Rassen im Einzugsgebiet von Oberrhein, Donau (*L. s. agassizi* V<small>AL</small>.), Rhone (*L. s. souffia* R<small>ISSO</small>) und Po (*L.s. muticellus* B<small>ONAPARTE</small>) vor.

Lebensweise: Schwarmfisch der Äschenregion; selten in Seen. Lebt bevorzugt an tieferen Stellen. Nahrung: Ernährt sich sowohl von Plankton und kleinen Bodentieren als auch von Anfluginsekten, die er wie Äschen im Sprung erbeutet. Fortpflanzung: Laichzeit: März-Mai. Benötigt Kiesbänke als Laichsubstrat. Weibchen legen im strömenden Wasser 4000-6000 Eier.

Sonstiges: Der Strömer ist in Deutschland vom Aussterben bedroht.

Zährte, Rußnase

Vimba vimba (LINNÉ) 1758 Cyprinidae, Karpfenfische

Merkmale: Gestreckter, seitlich abgeflachter Körper. Schnauze nasenartig hervorragend. Das hufeisenförmig gebogene Maul ist unterständig. Die Unterlippe hat keinen hornigen Überzug. Färbung: Rücken dunkelgrau bis bläulich, Flanken silbrig weiß, Brust-, Bauch- und Afterflosse gelblich. Während der Laichzeit an Rücken und Flanken schwarz und am Bauch lebhaft orangegelb gefärbt. Flossen: D III/8; A III/17-20; P I/15, V II/9-10. Seitenlinie: 55-60 Schuppen. Schlundzähne einreihig: 5-5. Länge: 25-40 cm, selten bis 50 cm.

Verbreitung: Innerhalb des Verbreitungsgebietes gibt es geographische Rassen. *V. v. vimba* kommt im Einzugsgebiet von Elbe, Ems, Weser und in den Zuflüssen der Ostsee vor, *V. v. carinata* in der Donau und im nördlichen Einzugsgebiet des Schwarzen Meeres. Bei dem in der oberen Donau und in verschiedenen südbayrischen und oberösterreichischen Seen vorkommenden Seerüßling, *Vimba elongata*, handelt es sich wahrscheinlich um eine eigene Art.

Lebensweise: Die Zährte ist ein bodenorientierter Schwarmfisch im Unterlauf großer Flüsse (Bleiregion und Kaulbarsch-Flunder-Region). Bevorzugt in nährstoffreichen Gewässern mit sandigem oder schlammigem Grund. Nahrung: Am Boden lebende Insektenlarven, Kleinkrebse, Schnecken und Würmer. Fortpflanzung: Bei der Zährte gibt es stationäre und zur Laichzeit (Mai-Juli) stromaufwärts wandernde (diadrome) Populationen. Männchen tragen zur

Laichzeit neben dem „Hochzeitskleid" einen feinen Laichausschlag. Vom Gewicht des Weibchens und der Rasse abhängig werden 25 000-300 000 Eier (1,4 mm ∅) an Steine oder Pflanzen gelegt. Die klebrigen Eier bleiben am Substrat haften. Die Larven schlüpfen je nach Wassertemperatur nach 3-10 Tagen. Da sie keine Haftorgane besitzen, verstecken sie sich am Boden, bis der Dottervorrat aufgezehrt ist.

Sonstiges: Stark gefährdet. In Deutschland ist der Bestand durch Flußregulierungen und Beeinträchtigungen der Gewässergüte stark zurückgegangen. Früher war die Zährte trotz des grätenreichen Fleisches ein besonders zur Laichzeit in Massen gefangener Speisefisch.

Ziege, Sichling

Pelecus cultratus (LINNÉ) 1758 Cyprinidae, Karpfenfische

Merkmale: Der Körper ist langgestreckt, seitlich abgeflacht und messerförmig. Der Rückenlinie ist fast gerade, die Bauchlinie durchgebogen. Das öberständige Maul ist steil nach oben gerichtet. Die tiefliegende Seitenlinie ist mehrfach gebogen. Die Brustflossen sind sehr lang. Die weit hinten ansetzende Rückenflosse und die Bauchflossen sind klein. Färbung: Rücken graubraun, Flanken silbrig glänzend, Bauch weißlich mit rötlichem Schimmer. Die Schlundzähne sind zweireihig: 2.5.-5.2. Flossen: D III/7-8, A III/26-29, P I/15, V II/7. Länge: 25-35 cm (selten bis 60 cm).

Verbreitung: Mittel- und Osteuropa. Im Einzugsgebiet der Ostsee, des Schwarzen und des Kaspischen Meeres, sowie des Aralsees. Im Balaton häufig.

Lebensweise: Schwarmfisch, der in langsam fließenden (Brackwasser- bis Bleiregion) und stehenden Gewässern vorkommt. Tagsüber hält er sich bevorzugt in Bodennähe auf, nachts steigt er zur Oberfläche. Die Nahrung besteht aus Plankton, Insektenlarven, Anfluginsekten und kleinen Fischen. Fortpflanzung: In der Laichzeit von Mai bis Juli wandert die Ziege in Schwärmen (diadrom) aus der Brackwasserregion stromaufwärts (in der Donau früher bis Passau) in den Unterlauf der Flüsse. Die Seepopulationen laichen in Ufernähe. Je nach Größe legen die Weibchen 30 000-100 000 Eier, die frei im Wasser schweben. Die Larven schlüpfen nach 3-4 Tagen. Die Geschlechtsreife tritt nach 3-4 Jahren ein.

Sonstiges: In Deutschland ist die Ziege vom Aussterben bedroht. Gelegentlich findet man sie jedoch in der Oder und deren Nebenflüssen. In Teilen Südosteuropas hat sie als Speisefisch wirtschaftliche Bedeutung.

Rapfen, Schied

Aspius aspius (LINNÉ) 1758 Cyprinidae, Karpfenfische

Merkmale: Langgestreckter, seitlich zusammengedrückter Körper. Die oberständige Mundspalte reicht bis unter das Auge. Der Körper ist silbrig glänzend. Die paarigen Flossen und die Afterflosse sind rötlich gefärbt. Das Männchen bildet zur Laichzeit einen starken Laichausschlag aus. Wird bis 1 m lang und 9 kg schwer. Flossen: D III/8, A III/14, P I/16, V II/8-9; Seitenlinie: 65-73 Schuppen; Schlundzähne: 3.5.-5.3.

Verbreitung: Mittel- und Osteuropa.

Lebensweise: Der Rapfen bevorzugt Fließgewässer (Barbenregion) und Flußseen. Während junge Rapfen oft gesellig im Schwarm zusammenleben, entwickeln sich die älteren zunehmend zu Einzelgängern. Nahrung: In Deutschland ist der Rapfen der einzige Raubfisch unter den Cypriniden, der sich erwachsen überwiegend von Fischen ernährt. Fortpflanzung: Laichzeit: April-Juni. Zum Ablaichen wandern die Fische an schnell strömende Stellen mit kiesigem Grund bzw. in die Zuflüsse von Flußseen. Das Ablaichen erfolgt in kleinen Gruppen und wird durch lebhafte Paarungsspiele (Sprünge) eingeleitet. Die klebrigen Eier (80 000-100 000) sinken zu Boden. Die Brut ernährt sich zunächst von Aufwuchsorganismen. Nach 4-5 Jahren werden sie geschlechtsreif.

Sonstiges: Gewässerbauliche Maßnahmen (Verschlammung des Laichsubstrats, Wanderhindernisse) verursachten in Deutschland einen Rückgang dieser Art.

Nase, Näsling

Chondrostoma nasus (Linné) 1758 Cyprinidae, Karpfenfische

Merkmale: Der langgestreckte Körper ist seitlich abgeflacht. Die Schnauze ist nasenartig erweitert. Das unterständige Maul wird von verhornten, scharfen Lippen umgeben. Färbung: Rücken grünlich bis grau, Flanken silbrig mit metallischem Glanz, Bauch weiß, Flossen (außer der Rückenflosse) rötlich. In der Laichzeit sind beide Geschlechter intensiv gefärbt und tragen einen Ausschlag. Flossen: D III/8-10, A III/10-12, P I/15-16, V II/8-9. Die Schlundzähne sind einreihig: 6-6, 7-6 oder 7-7. Länge: 30-50 cm, selten bis 60 cm.

Verbreitung: Von Mitteleuropa nördlich der Alpen bis Osteuropa; fehlt im Einzugsgebiet der Elbe.

Lebensweise: Schwarmbildende Art, die bodenorientiert die Barben- und Äschenregion von Flüssen bewohnt. Sie bevorzugt schnell fließendes Wasser und kiesigen bis sandigen Grund. Die Nahrung besteht aus abgeraspelten Algen und darin lebenden wirbellosen Kleintieren. Fortpflanzung: Die Weibchen legen in der Laichzeit (März-Mai) nach geselligen Wanderungen an seichten, überströmten Stellen mit Kiesgrund 20 000-100 000 klebrige Eier (1,5 mm ⌀).

Sonstiges: Gewässerbauliche Maßnahmen haben zur Vernichtung von Laichplätzen und zur Behinderung der Laichwanderungen geführt. Dadurch sind die Bestände dieser in Deutschland stark gefährdeten Art rückläufig.

Mairenke

Chalcalburnus chalcoides mento (AGASSIZ) 1832 Cyprinidae, Karpfenfische

Merkmale: Der langgestreckte, leicht hochrückige Körper hat eine oberständige Mundspalte mit verdicktem Unterkiefer. Färbung: Rücken grün bis blau, Flanken silbrig glänzend, Bauch weiß, Rücken- und Schwanzflosse dunkelgrau. Flossen: D III/8, A III/14-16, P I/15, V II/8-9. Schlundzähne zweireihig: 2.5.-5.2. Länge: 15-25 cm, selten bis 35 cm.

Verbreitung: Seen und Flüsse im Einzugsgebiet der Donau. Die Mairenke ist eine stationäre Unterart der Schemaja, *C. chalcoides* (GÜLDENSTÄDT), die im Eizugsbereich des Schwarzen, Asowschen und Kaspischen Meeres lebt.

Lebensweise: Schwarmfisch, der in sauerstoffreichen Seen lebt und sich von Plankton, Insektenlarven und Anfluginsekten ernährt. Fortpflanzung: Von Mai-Juni ziehen die laichbereiten Tiere in die Zu- und Abflüsse ihrer Wohngewässer, um an seichten Stellen mit Kies- oder Sandgrund 15 000-23 000 Eier zu legen.

Sonstiges: *C. chalcoides* wird im östlichen Verbreitungsraum wirtschaftlich genutzt. Im Alpenraum gehen die Bestände durch die Eutrophierung der Gewässer und die Zerstörung geeigneter Laichplätze zurück.

Bitterling

Rhodeus sericeus amarus (BLOCH) 1782 Cyprinidae, Karpfenfische

Merkmale: Der Körper des kleinen Fisches erscheint hochrückig und seitlich zusammengedrückt. Die relativ kleine Mundspalte ist endständig. Die kurze Seitenlinie erstreckt sich nur über 5-6 Schuppen. Färbung: Rücken graugrün, Flanken silbrig glänzend, Bauch weißlich. Eine blaugrüne Binde reicht von der Körpermitte bis zur Schwanzwurzel. Das Männchen trägt zur Laichzeit ein farbenprächtig schillerndes Hochzeitskleid und einen Laichausschlag in Form weißer Warzen auf der Oberlippe. Das Weibchen bildet eine 4-5 cm lange Legeröhre vor der Afterflosse. Flossen: D III/9-10, A III/9, P I/10, V II/6. Die Schlundzähne sind einreihig: 5-5. Länge: 4-6 cm max. 9 cm.

Verbreitung: Mittel- und Osteuropa nördlich der Alpen. Fehlt auf den britischen Inseln, in Dänemark und Skandinavien. Zwei weitere Rassen leben in Nordchina (*R. s. sericeus*) und im Jangtsebecken (*R. s. sinensis*).

Lebensweise: Der Bitterling lebt gesellig in der pflanzenreichen Uferregion stehender und langsam fließender Gewässer. Er bevorzugt Stellen mit sandigem oder schlammigem Grund an denen Muscheln der Gattung *Unio* und *Anodonta* leben, auf deren Vorkommen er angewiesen ist. Die Nahrung besteht überwiegend aus pflanzlichem Material und wird durch wirbellose Kleintiere ergänzt. Fortpflanzung: In der Laichzeit von April-Juni führt das Männchen ein Weibchen mit voll entwickelter Legeröhre zu einer Maler- oder Teichmuschel. Diese haben am aus dem

Grund ragenden Ende zwei Körperöffnungen. Durch die Einström- oder Atemöffnung wird Atemwasser und Plankton aufgenommen und durch die Ausström- oder Kloakenöffnung verbrauchtes Atemwasser, Stoffwechsel- und Geschlechtsprodukte abgegeben. Die berührungsempfindlichen Stellen an den Öffnungen der Muschel werden so lange von den Bitterlingen mit den Flossen gereizt, bis diese nicht mehr durch das Schließen der Schale reagiert. Anschließend führt das Weibchen die Legeröhre in die obere Kloakenöffnung, um im Kiemenraum jeweils 1-3 Eier (3 mm $\varnothing$) abzulegen. Das Männchen enläßt sein Sperma über der Einströmöffnung, so daß es mit dem Atemwasser in den Kiemenraum gespült wird und dort die Eier befruchten kann. Dieser Vorgang wiederholt sich mehrmals mit dem gleichen oder auch mit anderen Weibchen. Pro Weibchen und Saison werden zwischen 40 und 100 Eier gelegt. Die nach etwa 2-3 Wochen schlüpfenden Larven der Bitterlinge haften mit Auswüchsen des Dottersackes an den Kiemenlamellen der Muschel bis sie mit einer Länge von ca. 11 mm schwimmfähig werden. Die sich im Kiemenraum aufhaltenden Larven der Muscheln (Glochidien) wiederum heften sich an die freischwimmenden Bitterlinge, wachsen in die Haut und verbleiben dort, bis sie sich in eine kleine Muschel umgewandelt haben. Der Bitterling hilft so den Muscheln bei der Verbreitung. Diese wiederum „erbrüten" dessen Laich. Man spricht in diesem Fall von einer Brutsymbiose.

Sonstiges: In Deutschland ist der Bitterling stark gefährdet. Der Rückgang hat mehrere Ursachen. Die Eutrophierung und Verschmutzung der Gewässer hat die Muschelbestände dezimiert, gewässerbauliche Maßnahmen und Verlandungen haben geeignete Lebensräume zerstört und übermäßiger Besatz mit Aalen übt mancherorts einen zu starken Fraßdruck auf den Bitterling aus. Zur Wiederansiedelung und Stützung der Bestände wurden Besatzmaßnahmen durchgeführt. Die über den Handel bezogenen Bitterlinge stammten allerdings oft aus Asien (*R. s. sericeus*) und führten in Mitteleuropa zur Faunenverfälschung.

Schleie, Schlei, Schleiforelle, Schuster

Tinca tinca (LINNÉ) 1758 Cyprinidae, Karpfenfische

Merkmale: An den Winkeln des relativ kleinen, endständigen Mauls sitzt je ein Bartfaden. Alle Flossen sind abgerundet; die Schwanzflosse ist nur schwach eingekerbt. Das Männchen unterscheidet sich vom Weibchen durch den verdickten 2. Bauchflossenstrahl. Die tief unter der schleimigen Oberhaut sitzenden Schuppen sind klein. Typisch ist die olivgrüne bis braune Färbung mit dem Messingglanz. Schleien werden 20-40 cm (selten bis 60 cm) lang und über 2 kg schwer. Flossen: D IV/8-9; A III-4/6-7; P I/15-17; V II/8-9, Seitenlinie 90-110 Schuppen; Schlundzahnformel: 4-5, selten 5-5.

Verbreitung: Außer in Schottland und dem nördlichen Skandinavien in ganz Europa weit verbreitet.

Lebensweise: Die Schleie ist ein Bewohner langsam fließender (Bleiregion) und stehender Gewässer mit dichtem Pflanzenwuchs und schlammigem Bodengrund. Dämmerungs- und nachtaktiver Grundfisch. Nahrung: Wühlt im Schlamm nach Schnecken (z.B. Schleischnecke *Bithynia tentaculata*), Muscheln, Insektenlarven und Pflanzen. Fortpflanzung: Die Laichzeit liegt je nach Wassertemperatur zwischen Mai und Juli. Eiablage erfolgt portionsweise im Abstand von ca. 2 Wochen an ufernahen Wasserpflanzen. Das Weibchen legt bis zu 300 000 Eier. Die Larven heften sich mit Klebdrüsen an Pflanzen, bis die Kiemen ausdifferenziert sind. Danach ernähren sie sich zunächst von Plankton.

Sonstiges: In Gewässern mit ausgedehnten Freiwasserzonen werden Schleien oft von Kiemenkrebsen (*Ergasilus*) parasitiert. Aufgrund seines zarten und wohlschmeckenden Fleisches ein beliebter Speisefisch. In der Karpfenteichwirtschaft wegen der geringen Ansprüche an die Wasserqualität oft als Nebenfisch gezüchtet. Eine goldfarbene Variante wird in Aquarien und Gartenteichen gehalten.

Rechts oben: Portrait einer Schleie; man erkennt die kurzen Barteln.
Rechts unten: Gestalt und Färbung der Schleie.

Karausche, Bauernkarpfen

Carassius carassius (LINNÉ) 1758 Cyprinidae, Karpfenfische

Merkmale: Der gedrungene und seitlich abgeflachte Körper wird im Alter zunehmend hochrückiger. Die relativ lange Rückenflosse ist leicht nach außen gewölbt, ihr 2. Hartstrahl ist auf der Rückseite stark bezahnt. Gelbbraune Färbung mit Messingglanz. Vor allem bei Jungtieren befindet sich an der Schwanzwurzel ein dunkler Fleck. Das endständige Maul trägt keine Barteln. D III/17-19; A III/7; P 14-16; V 8-9; Seitenlinie: 32-35 Schuppen; Schlundzahnformel: 4-4. Reusendornen am ersten Kiemenbogen: 25-33.

Verbreitung: In Europa weit verbreitet; vielerorts durch den Menschen ausgesetzt.

Lebensweise: Lebt bevorzugt in langsam fließenden und stehenden Gewässern mit verkrauteten Uferbereichen. Die Karausche ist außerordentlich anpassungsfähig und kommt auch in Tümpeln und Pfuhlen vor, die temporär austrocknen. Den Winter und Trockenperioden übersteht sie eingegraben im Schlamm. Da die Karausche ihren Stoffwechsel herabsetzen und auf sauerstoffunabhängige Energiegewinnungsprozesse umschalten kann, überlebt sie temporär auch unter anaeroben Bedingungen. Nahrung: Pflanzenteile und -reste, wirbellose Bodentiere, besonders Zuckmücken- und Eintagsfliegenlarven. Fortpflanzung: Laichzeit: Mai-Juni. Karauschen werden im 2. Lebensjahr geschlechtsreif. Je nach Größe legen die Weibchen bis zu 300 000 klebrige Eier (1-1,5 mm ∅) an Wasserpflanzen. Die Larven be-

sitzen vor den Augen Haftorgane, mit denen sie sich am Substart anheften können.

Sonstiges: Bei hohen Bestandsdichten oder ungünstigen Nahrungsverhältnissen kommt es häufig zur Kleinwüchsigkeit (Steinkarausche). In nahrungsreichen Gewässern hingegen wächst die Karausche schnell heran und wird dann auch relativ hochrückig (Tellerkarausche). Darüber hinaus gibt es zwischen Karauschen und Karpfen Bastarde, die in der Regel 2 Paar reduzierte Barteln besitzen. Im Gegensatz zu den Weibchen sind die Männchen solcher Bastarde steril.

Giebel, Silberkarausche

Carassius auratus gibelio (BLOCH) 1783 Cyprinidae, Karpfenfische

Merkmale: Der Körper ist gestreckt, seitlich abgeflacht und mehr oder weniger hochrückig. Endständiges Maul. Im Gegensatz zur Karausche (Verwechselungsgefahr) hat der Giebel eine leicht konkav gebogene Rückenflosse, 28-32 Schuppen entlang der Seitenlinie, 39-50 Reusendornen auf dem 1. Kiemenbogen und ein schwarzes Bauchfell. Barteln (wie beim Karpfen) und ein schwarzer Fleck auf dem Schwanzstiel von Jungfischen fehlen. Färbung: Rücken braun, Flanken messingfarben mit metallischem Glanz. Flossen: D III/17-19, A II/5-7, P 15-16, V 7-9. Die Schlundzähne sind einreihig:

4-4. Größe 15-30 cm (selten bis 45 cm).

Verbreitung: Ostasien, Mittel- und Osteuropa.

Lebensweise: Der Giebel lebt bevorzugt in stehenden und langsam fließenden Gewässern mit weichem Grund und dichten Pflanzenbeständen. Der Giebel ist relativ unempfindlich gegen Gewässerverschmutzung und kommt aufgrund von Anpassungen des Stoffwechsels mit geringen Sauerstoffkonzentrationen aus. Nahrung: Kleine Tiere und Pflanzenteile. Fortpflanzung: Die bis zu 380 000 Eier werden von Mai-Juli zwischen Pflanzen abgelegt. Es gibt Populationen ohne Männchen. Die laichbereiten Weibchen mischen sich bei diesen unter laichende Karpfenfische (Karausche, Karpfen, Rotfeder). Die artfremden Spermien befruchten die abgelegten Eier nicht, stimulieren aber die Entwicklung der Zelle. Diese als Gynogenese bezeichnete Art der Jungfernzeugung ermöglicht es einem einzigen Weibchen, das Überleben der Art in einem Gewässer zu sichern. Aufgrund des hohen Vermehrungspotentials neigt der Giebel zu Zwergwuchs (Verbuttung).

Sonstiges: Beliebter Teich- und Aquarienfisch.

Goldfisch

Carassius auratus auratus (LINNÉ) 1758 Cyprinidae, Karpfenfische

Merkmale: Der Goldfisch ist eine Zuchtform der asiatischen Silberkarausche. Diese ähnelt im Körperbau dem Giebel und ist grau bis olivfarben. Durch die Auswahl geeigneter Tiere wurden aus ihr in China und Japan der Goldfisch und zahlreiche Varianten gezüchtet, die sich in Form und Farbe unterscheiden (z. B. Schleierschwanz, Löwenkopf, Teleskopauge).

Verbreitung: Die Stammform kommt in den stehenden und langsam fließenden Gewässern Japans und Chinas vor. Der Goldfisch und seine Varianten sind als Zierfische und durch Besatz weltweit verbreitet.

Lebensweise: Goldfische sind anspruchslose und anpassungsfähige Bewohner von stehenden und fließenden Gewässern. Sie ernähren sich von wirbellosen Kleintieren (Kleinkrebsen, Insektenlarven), pflanzlichem Material und Fischlaich. Fortpflanzung: In ihrer Heimat laichen Goldfische bei Wassertemperaturen von 18-22 °C von April bis Juni an Wasserpflanzen. Die grauen Jungfische färben sich erst nach 1-2 Jahren um.

Sonstiges: Bereits im 17. Jahrhundert gelangten Goldfische nach Europa. Zunächst als Zierfische in Park- und Gartenteichen gehalten, werden sie heute von Aquarianern unkontrolliert in zahlreiche Gewässer eingesetzt. Aquarianer, die verantwortungsbewußt mit ihrem Hobby umgehen, unterlassen dies jedoch, weil sie wissen, daß Goldfische dort heimische Arten wie die Karausche verdrängen können.

Karpfen

Cyprinus carpio LINNÉ 1758 Cyprinidae; Karpfenfische

Merkmale: Der Körper der vollständig beschuppten Stammform ist gestreckt und mehr oder weniger seitlich zusammengedrückt. Man unterscheidet 4 hochrückige Zuchtformen: Schuppenkarpfen (ganz beschuppt), Spiegelkarpfen (unregelmäßig auf dem Körper verteilte Schuppen), Zeilkarpfen (eine Schuppenreihe entlang der Seitenlinie) und Lederkarpfen (ohne bzw. mit wenigen Schuppen). Ein langes und ein kurzes Paar Barteln befinden sich am endständigen, rüsselartig ausstülpbaren Maul. Färbung: braun bis olivfarben, bei beschuppten Formen mit metallischem Glanz. Flossen: R III-IV/17-24, mit ausgeprägtem Sägestrahl, A III/5-6, P I/15-16, V II/8-9. Die Schlundzähne sind dreireihig: 1.1.3.-3.1.1. Länge: 30-40 cm (selten über 1 m).

Verbreitung: Die Wildform stammt aus den Zuflüssen des Schwarzen und des Kaspischen Meeres. In Europa bereits im Mittelalter ausgesetzt und eingebürgert, heute durch die Teichwirtschaft weltweit verbreitet.

Lebensweise: Bodenorientierter, wärmeliebender Bewohner stehender und langsam fließender Gewässer mit weichem Grund und dichtem Pflanzenwuchs. Nahrung: Jungfische ernähren sich von Plankton. Erwachsene Karpfen durchwühlen den Grund nach Insektenlarven, Würmern, Kleinkrebsen, Schnecken und Muscheln. Darüber hinaus fressen sie gelegentlich auch pflanzliches Material, Anflugnahrung und Fischbrut. Fortpflanzung: Bei einer Wassertemperatur von 18-20°C laichen Karpfen von Mai-Juli an seichten, pflanzenreichen Uferstellen (verkrautete Gräben, überschwemmte Wiesen). Je nach Größe werden von einem Weibchen bis zu 300 000 Eier gelegt, die im Wasser bis zu 1,6 mm Ø aufquellen und am Substrat kleben. Die nach 2-7 Tagen schlüpfenden Larven heften sich mit am Kopf befindlichen Klebedrüsen an Pflanzen. Vor dem Freischwimmen füllen sie die Schimmblase an der Wasseroberfläche mit Luft. Das Wachstum ist stark von der Gewässergröße und vom Nahrungsangebot abhängig.

Sonstiges: Beliebter Speise- und Angelfisch.

Verschiedene Zuchtformen des Karpfens
Rechts oben: Schuppenkarpfen
Rechts Mitte: Spiegelkarpfen
Rechts unten: Zeilenkarpfen

Graskarpfen, Grasfisch, Weißer Amur

Ctenopharyngodon idella (VALENCIENNES) 1844 Cyprinidae
Karpfenfische

Merkmale: Langgestreckter, spindelförmiger Körper mit breitem, horizontal abgeflachtem Kopf. Am leicht unterständigen Maul befinden sich keine Bartfäden. Die relativ großen Schuppen sind am freien Rand dunkel gesäumt; dadurch entsteht eine netzartige Körperzeichnung. Verwechselungsgefahr mit dem Döbel. Länge: bis 1 m. Gewicht: bis 60 kg. Flossen: D III/7, A III/8; Seitenlinie: 43-45; Schlundzahnformel: (1)2.(4)5.-5(4).2. Schlundzähne sind sägeförmig und seitlich abgeschliffen.

Verbreitung: Das ursprüngliche Verbreitungsgebiet kann nur ungenau rekonstruiert werden, da diese Art bereits im 10. Jahrhundert in China ausgesetzt wurde. Durch künstlichen Besatz in Europa weit verbreitet.

Lebensweise: In China bewohnen Graskarpfen Flüsse und Seen mit Wassertemperaturen über 20°C. Zur Laichzeit ziehen sie in schnellfließende Flußabschnitte und laichen über kiesigem Grund. Die 1mm großen Eier quellen im Wasser stark auf und treiben mit der Strömung flußabwärts. Die Larven schlüpfen nach 1-2 Tagen. Wenn der Dottervorat aufgezehrt ist, ernähren sie sich zunächst von Plankton, später zunehmend von Pflanzen. Graskarpfen sind wärmeliebende Fische, die bei entsprechenden Wassertemperaturen (25-30°C) mehr als das eigene Körpergewicht in Form von Pflanzennahrung aufnehmen können. Im Winter und bei Temperaturen unter 15°C stellen sie die Nahrungsaufnahme ein und ruhen auf dem Gewässergrund.

Sonstiges: In Deutschland seit 1965 zur Bekämpfung unerwünschter Wasserpflanzenbestände ausgesetzt. Eine natürliche Reproduktion ist in Mitteleuropa aufgrund des Klimas nicht möglich. Aus ökologischen Gründen sollte das Aussetzen dieser Art unterbunden werden.

Der Graskarpfen kann leicht mit dem Döbel verwechselt werden.
Links oben: Gestalt und Färbung des Graskarpfens
Links unten: Im Portrait sieht man deutlich das relativ kleine Maul des Graskarpfens.

Marmorkarpfen

Aristichthys nobilis (<small>RICHARDSON</small>) 1845 Cyprinidae, Karpfenfische

Merkmale: Der Körperbau ähnelt dem des Silberkarpfens. Im Gegensatz zu diesem liegen die Augen unterhalb des oberständigen Mauls und der Bauch ist nur zwischen den Bauch- und Afterflossen gekielt. Färbung: Rücken und Flanken sind grau bis silbrig mit dunkler Marmorierung, Bauch weißlich. Flossen: D III/10, A III/15-17, P I/17. Die Schlundzähne sind einreihig: 4-4. Länge: bis 80 cm.

Verbreitung: In seiner Heimat nicht so weit nördlich wie der Silberkarpfen. In Mittel- und Osteuropa wurden Marmorkarpfen zur Bekämpfung von Phytoplankton, das sich durch die Entrophierung in Massen vermehrte, ausgesetzt.

Lebensweise: Der Marmorkarpfen ernährt sich überwiegend von Phytoplanktonorganismen, die er mit den Kiemen aus dem Wasser filtert. In seiner Heimat laicht er bei Temperaturen von über 25°C frei im Wasser. In Mitteleuropa kann er sich aufgrund der klimatischen Bedingungen nicht vermehren.

Sonstiges: Aus ökologischen Gründen solle das weitere Aussetzen dieser Art in heimische Gewässer unterbleiben.

Silberkarpfen, Tolstolob

Hypophthalmichthys molitrix VALENCIENNES 1844 Cyprinidae, Karpfenfische

Merkmale: Der mäßig gestreckte Körper ist seitlich abgeflacht und mehr oder weniger hochrückig. Der breite Kopf hat ein schräg nach oben gerichtetes, oberständiges Maul. Die Augen liegen auf Höhe der Mundspalte. Die Bauchseite ist von den Kiemenspalten bis zur Afterflosse gekielt. Färbung: Rücken dunkelgrau bis bräunlich, Flanken und Bauch silbrig. Flossen: D III/7, A II-III/12-14. Die Schlundzähne sind einreihig: 4-4. Länge: bis 1 m.
Verbreitung: Ursprünglich aus China stammend wurden Silberkarpfen zur Bekämpfung von Algenblüten in zahlreiche Gewässer Mittel- und Osteuropas eingesetzt.
Lebensweise: Silberkarpfen bewohnen in ihrer Heimat warme, nährstoffreiche Flüsse und Seen.

Die Nahrung besteht überwiegend aus Plankton, das sie mit den Kiemenreusendornen aus dem Wasser filtern. Fortpflanzung: In China laichen sie von Mai-Juli im freien Wasser. Ein Weibchen legt bis zu 500 000 Eier. Unter den klimatischen Bedingungen Europas kommt es nicht zur natürlichen Fortpflanzung.
Sonstiges: Aus ökologischen Gründen sollte auf das weitere Aussetzen von Silber- und Marmorkarpfen in europäische Gewässer verzichtet werden.

Blaubandbärbling

Pseudorasbora parva TEMMICK & SCHLEGEL 1842 Cyprinidae, Karpfenfische

Merkmale: Der langgestreckte, leicht hochrückige Körper hat einen abgeflachten Kopf mit oberständigem Maul. Färbung: Rücken dunkelgrau, Flanken silberfarben mit metallischem Glanz, Bauch weiß. Vom Hinterrand der Kiemen bis zur Schwanzwurzel zieht sich ein blaues Band. Flossen: D III/7, A III/6. Länge: 8-11 cm.

Verbreitung: Die ursprünglich aus Asien stammende Art gelangte als Besatzfisch auch in europäische Gewässer (z. B. in Deutschland und Österreich) und bildet dort z. T. sich selbst erhaltende Populationen.

Lebensweise: Blaubandbärblinge leben bevorzugt in der Uferregion stehender und langsam fließender Gewässer mit dichten Pflanzenbeständen. Sie ernähren sich von wirbellosen Kleintieren, Anfluginsekten und gelegentlich von pflanzlichem Material. Fortpflanzung: Die Laichzeit liegt zwischen März und Juni. Die Männchen putzen kleine Flächen auf Steinen o. ä. und fordern mehrere Weibchen zur Eiablage auf. Die Weibchen legen 300-3000 klebrige Eier, die am Substrat haften und vom Männchen bewacht werden.

Schlammpeitzger

Misgurnus fossilis (LINNÉ) 1758 Cobitidae, Schmerlen

Merkmale: Der langgestreckte Körper ist vorne drehrund und hinten leicht seitlich abgeflacht. Das enge, unterständige Maul wird von 10 Barteln umgeben. 6 längere befinden sich am Oberkiefer, 4 kürzere am Unterkiefer. Die kleinen Schuppen sind tief in die schleimige Haut eingebettet. Röhrenförmige Nasenöffnung. Die Männchen haben schmale, spitz zulaufende Brustflossen und einen verdickten 2. Brustflossenstrahl. Färbung: Rücken und Flanken sind gelblich mit braunen Längsbinden und feiner, dunkler Punktierung; der Bauch ist orangefarben. Flossen: D III/5-6, A II-III/5, P I/10, V I/5-6. Länge: 20-30 cm.

Verbreitung: Mittel- und Osteuropa nördlich der Alpen und des Balkans; fehlt in Großbritannien, Skandinavien und auf der Iberischen Halbinsel.

Lebensweise: Der Schlammpeitzger bewohnt flache stehende oder langsam fließende Gewässer mit schlammigem Grund und dichten Pflanzenbeständen. Er ist ein stationärer Bodenfisch, der sich tagsüber zwischen Wasserpflanzen, Wurzeln oder im Schlamm verborgen hält. Seine Nahrung sucht er überwiegend nachts. Sie besteht aus wirbellosen Kleintieren, wie Insektenlarven, kleinen Würmern, Schnecken und Muscheln. Da er vor Gewittern besonders aktiv ist, wird er auch als Wetterfisch bezeichnet. An die oft niedrigen Sauerstoffkonzentrationen in den von ihm besiedelten Gewässern ist er hervorragend angepaßt. Zum einen deckt er einen Großteil sei-

nes Sauerstoffbedarfs über die Haut, zum anderen ist er in der Lage, über den Darm zu atmen. An der Wasseroberfläche geschluckte Luft wird zum Gasaustausch in den blutgefäßreichen Darm gepreßt und anschließend über den After abgegeben. Den Winter und das Austrocknen des Gewässers überdauern Schlammpeitzger tief eingegraben im Schlamm. Fortpflanzung: Die Laichzeit liegt zwischen April und Juni. Die bis zu 15 000 Eier (1,5 mm ∅) werden über mehrere Wochen hinweg portionsweise an Wasserpflanzen und Wurzeln abgelegt. Der Laich ist jedoch nur schwach klebrig und sinkt nach der Ablage zu Boden. Die nach etwa 10 Tagen schlüpfenden Larven haben fadenförmige Außenkiemen, die sich beim Heranwachsen zurückbilden.

Sonstiges: Der Schlammpeitzger gehört zu den Fischarten, die sich nicht leicht nachweisen lassen. Obwohl der Schlammpeitzger gegenüber Veränderungen der Wasserqualität sehr anpassungsfähig ist, sind seine Bestände stark rückläufig. Vermutlich gehört auch er zu den Fischarten, die durch erhöhte Aalbestände bedroht sind. Da der Schlammpeitzger in Teichanlagen nachgezüchtet werden kann, soll versucht werden, ihn in geeigneten Gewässern wieder anzusiedeln.

Unten: Portrait eines Schlammpeizgers; man erkennt das von Barteln umstandene Maul.

Steinbeißer, Dorngrundel

Cobitis taenia LINNÉ 1758 Cobitidae, Schmerlen

Merkmale: Der Kopf und der langgestreckte, zierliche Körper sind seitlich stark abgeflacht. Unter den kleinen Augen befindet sich ein aufrichtbarer, zweispitziger Dorn. Die unterständige Mundspalte trägt am Oberkiefer 6 kurze Barteln. Die Schuppen sind sehr klein. Die Grundfärbung ist gelblich mit dunklen Flecken und Marmorierungen. Unterhalb der Seitenlinie ist eine Reihe großer, dunkler Flecken. Darüber befinden sich mehrere Reihen kleiner Flecken und Striche. Flossen: D III/7, A III/5, P I/6-8, V I/5. Länge: 5-12 cm.

Vorkommen: In mehreren Unterarten in Europa, Asien und Nordafrika.

Lebensweise: Der Steinbeißer ist ein überwiegend dämmerungs- und nachtaktiver Bodenfisch, der bevorzugt klare Fließgewässer und Seen mit sandigem Grund bewohnt. Tagsüber hält er sich bis zum Kopf im Sand verborgen. Bei der Nahrungsaufnahme durchkauen Steinbeißer den Sand nach Rädertierchen, Kleinkrebsen, Würmern und abgestorbenem, organischem Material (Detritus) und stoßen ihn danach durch die Kiemenöffnung wieder aus. Fortpflanzung: Laichzeit: April-Juli. Bis zu 200 klebrige Eier werden vom Weibchen an Wasserpflanzen und Steine gelegt. Bei Sauerstoffmangel im besiedelten Gewässer können Steinbeißer zusätzlich (akzessorisch) über den Darm atmen.

Sonstiges: Wegen Gewässerverschmutzung und -verbauung ist die Art in Deutschland stark gefährdet.

Schmerle, Bachschmerle, Bartgrundel

Noemacheilus barbatulus (LINNÉ) 1758 Cobitidae, Schmerlen

Merkmale: Langgestreckter, drehrunder, nur am Schwanz seitlich zusammengedrückter Körper. Der Kopf ist abgeflacht, das Maul unterständig. Auf der Oberlippe befinden sich 6 Bartfäden. Die Nasenöffnung ist röhrenartig erweitert. Unter dem Auge befindet sich ein stumpfer, aufrichtbarer Dorn. Die Schuppen sind sehr klein und fehlen auf der Brust und auf dem Vorderrücken. Färbung: Rücken und Flanken sind grau bis braun und dunkel marmoriert. Der Bauch ist weißlich. Länge bis 12 cm (selten bis 16 cm). Flossen: D III/7, A III/5, P I/12, V I7.

Verbreitung: Von West- über Mitteleuropa bis nach Sibirien.

Lebensweise: Die Schmerle lebt in der Forellen- und Barbenregion flacher Fließgewässer und in der Uferregion klarer Seen. Sie bevorzugt steinigen bis kiesigen Grund und ist überwiegend nachtaktiv. Sie ernährt sich von Insektenlarven, Kleinkrebsen und Würmern, gelegentlich auch von Fischlaich. Fortpflanzung: Laichzeit: April-Mai. Beide Geschlechter mit Laichausschlag an der Innenseite der Bauchflossen. Die ca. 400 klebrigen Eier (∅ 1 mm) werden nachts an Steine geheftet und bis zum Schlüpfen vom Männchen bewacht. Geschlechtsreife nach 2-3 Jahren.

Sonstiges: In Deutschland ist diese Art gefährdet und darf nicht gefangen werden. Der Bestandsrückgang ist auf Gewässerverschmutzung und -verbauung zurückzuführen (Isolierung einzelner Populationen in einzelnen Fließgewässern).

Quappe, Rutte, Trüsche, Aalquappe

Lota lota LINNÉ 1758 Gadidae, Dorschfische

Merkmale: Langgestreckter Körper mit abgeflachtem, breitem Kopf und seitlich zusammengedrücktem Hinterleib. Die leicht unterständige Mundspalte ist relativ groß und mit kleinen Zähnen besetzt. Die am Unterkiefer befindliche Bartel kennzeichnet die Quappe als Vertreter der Dorschfische. Diese besitzen normalerweise drei Rückenflossen. Bei den Quappen sind D2 und D3 zusammengewachsen. An den Nasenöffnungen befinden sich zwei sehr kurze Bartfäden. Die Schuppen sind klein und mit bloßem Auge kaum zu erkennen. Färbung: Rücken und Flanken dunkelbraun, oliv oder gelblich mit mehr oder weniger starker, dunkler Marmorierung; Bauch weißlich. Flossen: D1 9-16, D2 68-75, A 65-70, P 18-20, V 5-6. Länge: 30-60 cm (in Sibirien selten über 1 m).

Verbreitung: In dem von Europa (nördlich der Pyrenäen und des Balkans) über Sibirien bis nach Nordamerika reichenden Verbreitungsgebiet kommen 3 Rassen vor.

Lebensweise: Die Quappe ist die einzige Art aus der Familie der Dorsche, die im Süßwasser lebt. Die überwiegend nacht- und winteraktive Art lebt bodenorientiert in stehenden und fließenden Gewässern (von der Forellen- bis zur Brackwasserregion). Sie bevorzugt kühles, klares und sauerstoffreiches Wasser und harten Grund. Jungfische ernähren sich von wirbellosen Kleintieren, erwachsene Tiere von Fischen und Fischlaich. Fortpflanzung: Quappen sind typische Winterlaicher (Laichzeit: No-

vember bis März). In Fließgewässern beheimatete Populationen legen die Eier nach stromaufwärts gerichteten Wanderungen an seichten Stellen mit sandigem Grund. Seepopulationen dagegen laichen häufig in größeren Tiefen. Der frisch abgelegte Laich sinkt zu Boden und bleibt an Wasserpflanzen, Wurzeln oder Steinen haften. Pro kg Körpergewicht werden vom Weibchen bis zu 1 000 000 Eier (1 mm ∅) gelegt. Die nach 6-10 Wochen schlüpfenden Larven leben pelagisch und ernähren sich zunächst von Plankton. Die bodenorientierte Lebensweise beginnt mit 6-7 mm Körperlänge.

Sonstiges: In Deutschland ist diese Art stark gefährdet. Die Verbauung und Verschmutzung der Gewässer, der mancherorts überhöhte Besatz mit Aalen und die Verfolgung als Laichräuber haben zu starken Einbrüchen der Bestände geführt.

Wels, Waller

Silurus glanis Linné 1758 Siluridae, Welse

Merkmale: Der langgestreckte und schuppenlose Körper ist hinten seitlich zusammengedrückt. Der große, flache Kopf trägt am Oberkiefer 2 lange und am Unterkiefer 4 kürzere Barteln. Färbung: Der Rücken ist dunkelbraun oder schwarz mit bläulichem Schimmer, Flanken hell mit dunkler Marmorierung, Bauch weißlich. Die Rückenflosse ist klein, die Afterflosse dagegen reicht bis zur Schwanzflos-

se. Flossen: D I/4, A 90-92, P I/14-17, V 11-13. Länge: 1-2 m (selten bis 3 m und 150 kg schwer).

Verbreitung: Mittel- und Osteuropa. Durch Besatz weit verbreitet.

Lebensweise: Der Wels lebt am Grund großer Flüsse (Bleiregion) und Seen. Er ist überwiegend dämmerungs- und nachtaktiv und hält sich tagsüber in Höhlungen versteckt. Jungfische fressen Insektenlarven, Schnecken und Muscheln, ältere Exemplare dagegen ernähren sich von Fischen und Amphibien, ausnahmsweise auch von Wasservögeln und Mäusen. Fortpflanzung: Von der Wassertemperatur abhängig (mindestens 18-20°C) beginnt die Laichzeit März-Juli. Die gelben und klebrigen Eier (ca. 30000 je kg Körpergewicht) werden an pflanzenbewachsenen Uferstellen in eine nestähnliche Mulde gelegt und vom Männchen bis zum Schlüpfen der Brut (3-10 Tage) bewacht. Die kaulquappen-ähnlichen Larven haben Haftorgane, mit denen sie sich an das Substrat heften, bis der Dottervorrat aufgebraucht ist. Danach ernähren sie sich zunächst von Plankton. Bei entsprechendem Nahrungsangebot und hohen Temperaturen sind Welse sehr schnellwüchsig (nach 1 Jahr bis 500 g schwer).

Sonstiges: In Deutschland ist der Wels gefährdet. Der Bestand wird vielerorts durch Besatzmaßnahmen gestützt.

In Griechenland lebt eine nahverwandte Art (*Silurus aristotelis* AGASSIZ), die nur 2 Barteln an der Kopfunterseite trägt und deren interessantes Brutpflegeverhalten bereits von Aristoteles beschrieben wurde.

Katzenwels, Zwergwels

Ictalurus nebulosus (LE SUEUR) 1890 Ictaluridae, Katzenwelse

Merkmale: 8 Bartfäden, davon 4 lange am Oberkiefer und 4 kurze am Unterkiefer. Haut schuppenlos. Hinterkörper seitlich abgeflacht. Gegenüber der Afterflosse eine strahlenlose Fettflosse. 1. Strahl der Rückenflosse als Stachel ausgebildet. Flossen: D I/6, A I/20-23, P I/8, V 8. Färbung: Dunkelgrau bis braun. Länge: 25-45 cm.

Verbreitung: Aus Nordamerika stammend, seit Ende des vorigen Jahrhunderts in Mitteleuropa ausgesetzt und eingebürgert.

Lebensweise: Nachtaktiver Grundfisch stehender und langsam fließender Gewässer mit weichem Grund. Nahrung: Jungtiere ernähren sich überwiegend von am Boden lebenden Insektenlarven, Kleinkrebsen, Würmern und Mollusken. Erwachsene Tiere (ab 10 cm Länge) darüber hinaus auch von Fischlaich und -brut, kleinen Fischen und Amphibienlarven. Fortpflanzung: Zur Laichzeit von Mai bis Juli bauen Katzenwelse in flachen Mulden Nester aus Pflanzenmaterial, in die sie (je nach Größe des Weibchens) 500-4000 Eier (3 mm ⌀) legen. Das Männchen bewacht sowohl den Laich als auch die nach 4-6 Tagen ausschlüpfenden Larven.

Schwarzer Katzenwels bzw. Zwergwels

Ictalurus melas (LE SUEUR) 1890 Ictaluridae, Katzenwelse

Merkmale: *Ictalurus melas* unterscheidet sich von *I. nebulosus* durch die geringere Anzahl der Afterflossenstrahlen (A I/16-20), die schwarze Färbung und die schwarz gefärbten Flossenhäute. Aufgrund von Bestimmungsschwierigkeiten ist über die Verbreitung von *I. melas* in Europa wenig bekannt. Wahrscheinlich ist diese Art mittlerweile sogar häufiger als *I. nebulosus*. Es wurden auch schon Exemplare des Marmorwelses *I. punctatus*, einem weiteren Vertreter aus der Familie der Katzenwelse, in Europa gefangen.

Sonstiges: In Europa wurden Katzenwelse von Aquarianern und im Rahmen von Besatzmaßnahmen ausgesetzt. Unter günstigen Bedingungen vermehrten sie sich in einigen Gewässern so stark, daß die einheimische Fisch- und Amphibienfauna massiv beeinträchtigt wurde. Ökologische Argumente sprechen gegen ein weiteres Aussetzen dieser Arten bzw. für eine Entnahmepflicht bei gefangenen Exemplaren.

Aal, Flußaal

Anguilla anguilla (LINNÉ) 1758 Anguillidae, Aale

Merkmale: Körper langgestreckt und schlangenähnlich. Auf dem Unter-, Zwischenkiefer und dem Vomer (Pflugscharbein) sind kleine bürstenartige Zähne. Rücken-, Schwanz- und Afterflosse bilden einen durchgehenden Flossensaum, der wie die Brustflosse ausschließlich durch Weichstrahlen gestützt wird. Die Bauchflossen fehlen. Flossen: D 245-280, A 205-235, P 15-20. Färbung: Rücken dunkelgrau bis olivgrün. Der Bauch ist bei im Süßwasser lebenden Aalen gelblich (Gelbaal); bei geschlechtsreifen, ins Meer wandernden färbt sich der Bauch silbrig weiß (Blankaal). Die kleinen Schuppen sind tief in die mit einer dicken Schleimschicht versehenen Haut eingebettet. Größe: Männchen bis 50 cm, Weibchen 150 cm und bis 3 kg schwer.

Verbreitung: Europäische Gewässer, die mit dem Atlantik und seinen Nebenmeeren verbunden sind. Aufgrund seiner wirtschaftlichen Bedeutung wird der Aal auch in Gewässern eingesetzt, die er unter natürlichen Bedingungen nicht besiedeln könnte.

Lebensweise: Die überwiegend nachtaktiven und bodenorientierten Aale verstecken sich tagsüber im Wurzelgestrüpp, zwischen Wasserpflanzen, in Höhlungen und in weichem Bodengrund. Nahrung: Die im Meer treibenden Larven ernähren sich von Plankton; später zunehmend von wirbellosen Kleintieren. Aale, die sich überwiegend von Insektenlarven, Kleinkrebsen, Würmern und Schnecken ernähren, wachsen nur langsam heran, bleiben kleiner und haben einen spitzen Kopf (Spitzkopfaale). Die schnellwüchsige, mit einem breiten Kopf (Breitkopfaal) versehene Form frißt dagegen Fische, Fischlaich, Amphibien und Krebse. Fortpflanzung: Als katadrome Wanderart ziehen Aale zur Fortpflanzung zunächst flußabwärts und dann bis zu 7 000 km weit ins Meer. Die Eiablage findet wahrscheinlich in großer Tiefe in der Sargasso-See (Westatlantik) statt. Die geschlüpften Larven treiben mit dem Golfstrom innerhalb von 3 Jahren an die europäischen Küsten, wo sie sich zu sog. Glasaalen umwandeln. Anschließend ziehen sie als sog. Steigaale flußaufwärts. Während die Weibchen gelegentlich bis in die Forellenregion ziehen, bleiben die Männchen meistens im Mündungsbereich der Fließgewässer.

Rechts oben: Glasaale
Rechts Mitte: Spitzkopfaal
Rechts unten: Blankaal

Hecht

Esox lucius LINNÉ 1758 Esocidae, Hechte

Merkmale: Langgestreckter Körper mit entenschnabelförmiger Schnauze. Weite Mundspalte mit zahlreichen, nach hinten gebogenen Zähnen. Die Rückenflosse ist weit nach hinten verschoben. Ihr Ansatz liegt gegenüber dem der Afterflosse. Während die Männchen nur 90-100 cm lang und bis 8 kg schwer werden, erreichen die Weibchen eine Länge von bis zu 150 cm und ein Gewicht von über 30 kg. Junge Hechte sind meist grünlich gefärbt (Grashechte). Bei älteren Hechten können auch gelbliche bzw. bräunliche Farbtöne dominieren. Flossen: D VII-VIII/13-15; A IV-V/12-14; Pl/3; Vl/18. Die Seitenlinie erstreckt sich über 110-130 Schuppen.

Verbreitung: In Europa, Nordasien und Nordamerika. Fehlt in Spanien, Süditalien und Nordskandinavien.

Lebensweise: Der Hecht kommt in langsam fließenden und in geschlossenen Gewässern vor. Als Standfisch lebt er bevorzugt in ufernahen Bereichen, wo er farblich angepaßt zwischen Wasserpflanzen oder unter überhängenden Bäumen auf seine Beute lauert. Nahrung: Erwachsene Hechte ernähren sich vor allem von Fischen, wobei auch Artgenossen nicht verschmäht werden. Daneben erbeuten sie auch Frösche sowie gelegentlich junge Wasservögel und Kleinsäuger. Als Stoßjäger ist der Hecht mit seinem torpedoförmigen Körper weder besonders wendig noch ausdauernd. Er orientiert sich hauptsächlich mit den Augen und mit dem Seitenlinienor-

gan. Fortpflanzung: Der Hecht laicht von Februar bis Mai in flachen, verkrauteten Uferbereichen sowie auf überschwemmten Wiesen. Das Weibchen legt dabei bis zu 100 000 gelbliche Eier.

Sonstiges: Das Ausbleiben der jährlichen Hochwasser infolge der Stauhaltung in regulierten Fließgewässern und das Trockenlegen von Gräben und Feuchtwiesen zerstörte geeignete Laichplätze. Infolgedessen ist der Hechtbestand vielerorts rückläufig und muß durch Besatzmaßnahmen erhalten werden.

Hundsfisch

Umbra krameri WALBAUM 1792 Umbridae, Hundsfische

Merkmale: Langgestreckter, hechtähnlicher Körper mit stumpfem Kopf. Die Rückenflosse setzt hinter den Bauchflossen an. Die Schwanzflosse ist nach außen gerundet. Die relativ großen Schuppen bedecken auch die Kiemendeckel und Teile des Kopfes. Färbung: Rücken und Flanken braun mit unregelmäßigen dunklen Flecken, Unterseite gelblich bis weiß. Ein heller Streifen reicht vom Kiemendeckel bis zum Schwanzstiel. Flossen: D 15-16, A 7-8. Länge: Männchen bis 8 cm, Weibchen bis 13 cm.

Verbreitung: Südosteuropa, im Einzugsgebiet der mittleren und unteren Donau. In Deutschland in einigen Gewässern eingebürgert.

Lebensweise: Hundsfische bewohnen pflanzenreiche, flache Gewässer mit schlammigem Grund (Tümpel, Gräben, Sümpfe). Bei niedrigen Sauerstoffkonzentrationen im Wasser atmen sie zusätzlich über die Schwimmblase. Diese kann über eine Verbindung zum Darm Luft aufnehmen, die zuvor an der Wasseroberfläche geschluckt wurde. Die Nahrung besteht aus Kleinkrebsen, Insektenlarven und Fischbrut. Fortpflanzung: Die Weibchen legen in der Laichzeit (Februar-April) bis zu 400 Eier auf pflanzlichem Material, die sie bis zum Schlupf der Larven bewachen (6-10 Tage). Geschlechtsreife nach 2 Jahren.

Sonstiges: Weiträumige Trockenlegungen der von dieser Art besiedelten Gewässer haben zu einem Rückgang der Bestände geführt.

Dreistachliger Stichling

Gasterosteus aculeatus LINNÉ 1758 Gasterosteidae, Stichlinge

Merkmale: Langgestreckter, hochrückiger Körper. Die drei beweglichen Rückenstacheln stehen auf den hinteren Knochenplatten des Rückens. Dieser ist dachziegelartig mit 6, die Flanken sind mit 29-35 Knochenplatten bedeckt. Färbung: Rücken blaugrau bis olivfarben mit dunkler Marmorierung, Flanken silbrig. In der Laichzeit ist der Rücken des Männchens leuchtend blau, die Kehle und der Bauch sind hellrot gefärbt. Flossen: D1 III, D2 10-14, A I/8-11, P 10, V I/1. Länge: im Süßwasser bis 8 cm, im Meer bis 12 cm.

Verbreitung: Europa, Nordamerika und Nordasien.

Lebensweise: Der Dreistachlige Stichling dürfte ursprünglich im Meer beheimatet gewesen sein. Neben den marinen Wanderformen gibt es im Süßwasser stationäre Formen, die sowohl in stehenden als auch in fließenden Gewässern mit pflanzenreichen Flachwasserzonen leben. Sehr anpassungsfähige Art. Nahrung: Insektenlarven, Kleinkrebse, Würmer, Schnecken, Fischlaich und -brut. Fortpflanzung: Das Männchen baut am Gewässergrund ein Nest aus pflanzlichem Material, das mit Nierensekret verkittet wird. In dieses laichen oft mehrere Weibchen hintereinander. Ein Weibchen legt pro Saison bis zu 800 Eier (1,1-1,8 mm ⌀). Das Männchen bewacht und befächelt die Eier und die nach etwa 8 Tagen schlüpfende Brut. Nach 4 Tagen ist der Dottervorrat aufgezehrt; die schwimmfähigen Larven füllen ihre Schwimmblase mit Luft.

Zwergstichling, Neunstachliger Stichling

Pungitius pungitius LINNÉ 1758 Gasterosteidae, Stichlinge

Merkmale: Körper langgestreckt, schlank, im Querschnitt hochoval. Die Mundspalte ist leicht oberständig und schräg nach oben gerichtet. Variable Anzahl gekielter Knochenschildchen auf dem Schwanzstiel. Die 8-11 auf dem Rücken befindlichen Stacheln stehen nicht genau auf der Mittellinie, sondern alternierend rechts und links versetzt, um sich beim Niederlegen nicht gegenseitig zu behindern. Färbung: variabel, Rücken dunkelgrau bis braun, Flanken gelblich oder olivfarben, Bauch weiß. Auf dem Körper befindet sich häufig ein Tarnmuster aus unregelmäßigen dunklen Bändern und Flecken. Zur Laichzeit färbt sich der Körper des Männchens schwarz, die Bauchstacheln werden weiß. Flossen: D1 VIII-XI, D2 9-11, A I/8-11, P 10, V I/1. Länge: bis 7 cm.

Verbreitung: Zirkumpolar, in Europa nördlich der Pyrenäen, der Alpen und des Balkans.

Lebensweise: Der Zwergstichling bevorzugt stehende und fließende Kleingewässer (Teiche, Tümpel, Bäche, Wiesengräben) mit dichtem Pflanzenbestand. In größeren Fließgewässern findet man ihn selten. Nahrung: Kleinkrebse, Würmer, Insektenlarven, Fischlaich, gelegentlich auch pflanzliches Material. Fortpflanzung: Nach einer Wanderung aus den Überwinterungsquartieren laichen die Tiere in Europa von März-September. Die revierbildenden Männchen bauen in Pflanzen ein hängendes Nest, in das mehrere Weibchen jeweils bis zu 100 Eier legen. Das Männchen betreibt Brutpflege. Die Larven schlüpfen nach 6-7 Tagen und füllen anschließend die Schwimmblase an der Wasseroberfläche. Nach einem Jahr werden sie geschlechtsreif.

Sonstiges: In Deutschland ist diese Art gefährdet.

Links oben: Balzendes Männchen des Dreistachligen Stichlings und ein laichbereites Weibchen
Links Mitte: Zwergstichling im Ruhekleid
Links unten: Männlicher Zwergstichling im Laichkleid

Flußbarsch, Barsch

Perca fluviatilis LINNÉ 1758 Percidae, Barsche

Merkmale: 2 getrennte Rückenflossen, wobei die vordere mit Stachelstrahlen und einem schwarzen Fleck am Hinterrand versehen ist. Körperform variabel, meist gedrungen und leicht hochrückig. Das endständige Maul reicht bis unter die Augen. Der freie Rand des Kiemendeckels endet in einem spitzen Dorn. Die olivgrüne Rükkenfärbung wechselt zum Bauch hin über ein helles Graugrün ins Messinggelbe. Vom Rücken über die Flanken erstrecken sich 6-9 dunkle Querbinden. Brust-, After- und Schwanzflosse meist orange bis rot gefärbt. Flossen: D1 XIII-XV; D2 I/14-15; A II/8-9; P 14; V I/5. Seitenlinie: 54-68 Schuppen. Bis 40 cm (selten bis 50 cm) Länge.

Verbreitung: Mitteleuropa bis Asien. In Deutschland weit verbreitet und häufig.

Lebensweise: Junge Flußbarsche bilden Schwärme. Ältere Exemplare jagen in kleinen Trupps oder entwickeln sich zu Einzelgängern. Flußbarsche leben sowohl in stehenden als auch in fließenden Gewässern. Sie sind sehr anpassungsfähig. Nahrung: Bis zu einer Länge von ca. 15 cm ernähren sich Flußbarsche von Kleintieren. Größere Tiere fressen hauptsächlich Fische. Fortpflanzung: Männchen werden früher geschlechtsreif als Weibchen. Laichzeit: März-Juni. Die Weibchen legen je nach Körpergewicht bis zu 300 000 Eier in Form von 1-2 cm breiten Laichbändern an ufernahe Pflanzen, Wurzeln und Steine. Die Larven schlüpfen nach etwa 3 Wochen und leben zunächst von ihrem Dottervorrat.

Sonstiges: Bei Flußbarschen können 3 standortabhängige Modifikationen unterschieden werden: 1. der intensiv gefärbte „Krautbarsch" der Uferregion, 2. der helle „Jagebarsch" der Freiwasserregion und 3. der dunkle „Tiefenbarsch".

Der Flußbarsch bildet drei – unterschiedlich gefärbte – ökologische Formen aus.
Rechts oben: Portait eines Flußbarsches
Rechts unten: Intensiv gefärbte Form des Flußbarsches (Krautbarsch)

Zander, Schill, Sandbarsch

Stizostedion lucioperca (LINNÉ) 1758 Percidae, Barsche

Merkmale: Zwei getrennte Rükkenflossen (vordere mit dunklen Punktreihen). Langgestreckter, spindelförmiger Körper. Kammschuppen. Das endständige Maul reicht bis hinter die Augen und ist mit großen Fangzähnen versehen. Der Köper ist silbriggrau bis grüngrau. Auf den Flanken dunkle Binden (im Alter meist verwaschen). Der freie Rand des Kiemendeckels endet in einem spitzen Dorn. Mit einer Länge von 40-50 cm (selten bis 1,3 m) größter einheimischer Barsch. Flossen: D1 XIV, D2 I/19-23, A II/11-13, P 15-16, V I/5. Seitenlinie: 75-100 Schuppen.

Verbreitung: Mittel- und Nordosteuropa. Westlich der Elbe ausgesetzt und eingebürgert.

Lebensweise: Bewohner größerer Fließ- und Stillgewässer. Bevorzugt trübes, eutrophes Wasser und harten Bodengrund. Jagt einzeln oder in kleinen Gruppen in der Freiwasserzone. Nahrung: Im ersten Lebensjahr hauptsächlich Planktonkrebse. Erwachsene Zander ernähren sich von Fischen (Flußbarsch, Plötze, Stint, Ukelei). Fortpflanzung: Laichzeit: April-Juni (ab 12°C Wassertemperatur). In 1-3 m Wassertiefe schlagen Zander Laichgruben an Stellen, an denen sich Wurzelwerk oder versunkene Äste befinden (Hartsubstratlaicher). Die bis zu 300 000 klebrigen Eier (1-1,5 mm ⌀) werden einzeln abgelegt und haften am Substrat. Das Männchen betreibt Brutpflege. Die 5-6 mm langen Larven schlüpfen nach ca. 7 Tagen und leben zunächst vom Dottervorrat.

Sonstiges: Bestände werden künstlich gestützt.

Kaulbarsch, Pfaffenlaus, Rotzbarsch

Gymnocephalus cernua (LINNÉ) 1758 Percidae, Barsche

Merkmale: Gedrungener, leicht hochrückiger Körper. Stumpfe Schnauze. Mundspalte relativ klein. Augen hochliegend. An der Unterseite des Kopfes flache Schleimgruben. Der freie Rand des Kiemendeckels trägt einen spitzen Dorn. Einschnitt zwischen den miteinander verbundenen Rückenflossen. Grundfärbung olivgrün bis braungelb mit leichtem Messingglanz. Aufgrund der zahlreichen unregelmäßigen Flecken erscheint der Körper dunkel. Flossen: D XII-XV/11-15; A II/5-6; P 13; V I/5. Seitenlinie 35-40 Schuppen. 15-25 cm (max. 25 cm) lang.

Verbreitung: Von Mittel-, Nord- und Osteuropa bis nach Sibirien; fehlt in Irland, Schottland und Nordskandinavien. In Deutschland (besonders in Küstennähe) weit verbreitet.

Lebensweise: Bewohner größerer Fließgewässer, Seen sowie im Brackwasser von Flußmündungen und Haffen. Lebt in Schwärmen auf sandigem bis weichem Grund. Nahrung: Insektenlarven (Chironomiden), Flohkrebse, Würmer (Tubifex), Mollusken und Fischlaich. Fortpflanzung: Laichzeit: März-Mai (ab einer Wassertemperatur von 10-15°C). Die Weibchen legen 50 000-100 000 bis 1 mm ⌀ große Eier in Gallertbändern oder -klumpen auf Steine, Kies oder Sand, seltener an Wasserpflanzen. Die 3-4 mm langen Larven schlüpfen nach 8-12 Tagen und ernähren sich zunächst von ihrem Dottervorrat. Nach 2 Jahren geschlechtsreif.

Sonstiges: In Osteuropa beliebter Speisefisch. Früher in Norddeutschland zur Düngung der Äcker verwendet, da sehr häufig.

Donaukaulbarsch

Gymnocephalus baloni HOLCIK & HENSEL 1974 Percidae, Barsche

Merkmale: Der Donaukaulbarsch ähnelt dem Kaulbarsch (Verwechslungsgefahr), sein Körper ist jedoch deutlich hochrückiger und gedrungener. Die Grundfärbung ist grau. Die unregelmäßigen Flecken sind größer als beim Kaulbarsch und eher senkrecht orientiert. Am freien Rand des Kiemendeckels befinden sich 1-4 Dornen (meistens 2). Der vordere Teil der Rückenflosse ist bläulich mit dunklen Flecken. Der erste Strahl der Afterflosse endet meistens in einer freistehenden Spitze. Länge: bis 21 cm.

Verbreitung: Im Einzugsgebiet der Donau.

Lebensweise: Über die Lebensweise dieser erst 1974 beschriebenen Art ist noch sehr wenig bekannt. In der deutschsprachigen Literatur wurde sie bisher kaum erwähnt. Der Donaukaulbarsch lebt bevorzugt in fließenden Gewässern, kommt aber auch in Stauseen und Altarmen vor.

Obwohl beide Kaulbarscharten oft gemeinsam in einem Gewässer vorkommen, ist *Gymnocephalus baloni* wahrscheinlich weniger anpassungsfähig.

Sonstiges: Man geht davon aus, daß gewässerbauliche Maßnahmen und die Gewässerverschmutzung bereits zum Rückang der Bestände geführt haben.

Schrätzer

Gymnocephalus schraetzer (LINNÉ) 1758 Percidae, Barsche

Merkmale: Schlanker, spindelförmiger Körper. Kammschuppen. Kegelförmige, gestreckte Schnauze. Das endständige Maul ist relativ klein. Der freie Rand des Kiemendeckels endet in einem spitzen Dorn. Zwischen den zusammenhängenden Rückenflossen befindet sich ein leichter Einschnitt. Rücken und Flanken hellbraun bis gelb mit 4 teilweise unterbrochenen Längsstreifen. Am Kopf befinden sich flache Schleimgruben. Länge: 15-25 cm (max. 30 cm). Flossen: D XVII-XIX/12-14; A II/6-7; P 13-14; V I/5

Verbreitung: Im Einzugsgebiet der Donau endemisch.

Lebensweise: In den Fließgewässern der Barbenregion lebender Bodenfisch. Besonders häufig im Mündungsbereich von Nebenflüssen. Bevorzugt tiefe Stellen mit Sand- bzw. Kiesgrund. Nahrung: Insektenlarven, Flohkrebse, Mollusken und Fischlaich. Fortpflanzung: Laichzeit: April-Mai. Die klebrigen Eier werden nach einer kurzen Laichwanderung in Form von Gallertbändern an Steinen, Kies und Wurzeln abgelegt.

Sonstiges: In Deutschland vom Aussterben bedroht. Die Gewässereutrophierung und das durch den Bau von Staustufen und Wehren veränderte Fließverhalten der Donau und ihrer Nebenflüsse begünstigten die Verschlammung der Laichgründe und verhinderten die Wiedereinwanderung. Die Abwasserbelastung und der überaus hohe Aalbestand haben wahrscheinlich ebenfalls zum Rückgang des Schrätzers beigetragen.

Streber

Zingel streber (SIEBOLD) 1863 Percidae, Barsche

Merkmale: Langgestreckter, spindelförmiger Körper. 2 getrennte Rückenflossen. Der dünne Schwanzstiel ist so lang, wie der Ansatz der 2. Rückenflosse. Kammschuppen. Färbung: Gelbbraun bis graubraun mit 4-5 dunklen Querbinden. In der Laichzeit mit Bronzeglanz. Länge: 12-18 cm (max. 22 cm). Flossen: D1 VIII-IX/0; D2 I/12-13; A I/12; P 14; V I/5. Seitenlinie: 70-80 Schuppen. Schwimmblase völlig reduziert.

Verbreitung: Im Einzugsgebiet der Donau endemisch.

Lebensweise: Nachtaktiver Bodenfisch. Hält sich bevorzugt in tiefen Flußabschnitten mit Sand- oder Kiesboden auf. Zur Nahrungssuche und zum Ablaichen wandert er in flache und strömungsreiche Flußabschnitte. Nahrung: Kleinkrebse, Insektenlarven und Fischbrut. Fortpflanzung: Laichzeit: März-April. Die 2 mm Ø großen, klebrigen Eier werden an flachen, stark strömenden Flußabschnitten mit Kiesgrund abgelegt. Sie haften an Steinen, Wurzeln und gelegentlich auch an Wasserpflanzen.

Sonstiges: In Deutschland vom Aussterben bedroht. Der Rückgang dieser Art hat wahrscheinlich mehrere Ursachen. Neben der Gewässerverschmutzung und -eutrophierung und der Verschlammung ehemaliger Laichgebiete hat sich wahrscheinlich auch der durch Besatzmaßnahmen überhöhte Aalbestand nachteilig auf die einheimischen Streberpopulationen ausgewirkt.

Zingel, Spindelbarsch

Zingel zingel LINNÉ 1766 Percidae, Barsche

Merkmale: Langgestreckter, spindelförmiger Körper (Spindelbarsch). Spitzer Kopf mit unterständigem Maul. Der freie Rand des Kiemendeckels mündet in einen spitzen Dorn. 2 getrennte Rückenflossen. Der Schwanzstiel ist kürzer als der Ansatz der 2. Rückenflosse. Rücken und Flanken sind hellbraun bis ockergelb gefärbt, mit unregelmäßigen verwaschen dunklen Flecken. Flossen: D1 XIII-XIV; D2 I/18-20; A I/12-13; P 14; V I/5. Seitenlinie: 83-92 Schuppen. Länge: 20-30 cm (max. 50 cm). Schwimmblase fehlt.

Verbreitung: Im Einzugsgebiet von Donau und Dnjestr endemisch.

Lebensweise: Nachtaktiver Bodenfisch, der sich tagsüber versteckt hält. Bevorzugt wahrscheinlich größere und tiefere Flußabschnitte der Barbenregion. Nahrung: Kleinkrebse, Insektenlarven, Würmer, Fischlaich und -brut. Fortpflanzung: Laichzeit: März-Mai. Das Weibchen legt ca. 5 000 klebrige Eier (1,5 mm ⌀) auf überströmte Kiesbänke.

Sonstiges: Im baden-württembergischen Donauabschnitt sind die Bestände erloschen. Im restlichen Verbreitungsgebiet ist die Art vom Aussterben bedroht. Neben der Zerstörung geeigneter Lebensräume durch gewässerbauliche Maßnahmen hat wahrscheinlich auch der hohe Aalbestand zum Rückgang des Zingels beigetragen. Gegenwärtig gibt es bereits Bestrebungen zur Wiedereinbürgerung.

Sonnenbarsch

Lepomis gibbosus (LINNÉ) 1758 Centrarchidae, Sonnenbarsche

Merkmale: Der Körper ist seitlich stark abgeflacht und wirkt besonders bei größeren Tieren scheibenförmig. Die zwei Rückenflossen sind miteinander verbunden. Auf den Kiemendeckeln befinden sich ein schwarzer und (nicht immer) ein roter Fleck. Die Grundfärbung ist grünbraun mit unregelmäßigen Querbinden. Bei Sonnenlicht betrachtet, schillern die Fische bläulichgrün. Das kleine Maul reicht nicht bis an die Augen. Flossen: D X/10-12; A III/8-12; P 11-14; Seitenlinie 35-45 Schuppen; Länge: 10-15 cm (max. 30 cm); wiegt bis 300 g.

Verbreitung: Ursprünglich aus dem östlichen Nordamerika stammend, wurde diese Art bereits im letzten Jahrhundert in Europa eingeführt und bildet in einigen Gebieten sich selbst erhaltende Bestände aus.

Lebensweise: Sonnenbarsche leben bevorzugt in langsam fließenden Gewässern mit sandigem Grund. Fortpflanzung: Während der Laichzeit von Mai-Juni graben sie an seichten Stellen flache Mulden, in welche die Weibchen bis zu 5000 Eier legen. Beide Elternteile bewachen die Eier und die Brut. Sonnenbarsche werden bis 9 Jahre alt. Die Nahrung besteht hauptsächlich aus Krebsen und Insektenlarven, gelegentlich aber auch aus Fremdlaich.

Sonstiges: Während der Sonnenbarsch in Nordamerika als Sportfisch gefangen wird, hat er in Europa keinerlei wirtschaftliche Bedeutung. Gelegentlich wird er in Zoohandlungen angeboten.

Forellenbarsch

Micropterus salmoides (LACÉPÈDE) 1802 Centrarchidae, Sonnenbarsche

Merkmale: Gestreckter, seitlich abgeflachter Körper mit großem Kopf und bis hinter die Augen reichender Mundspalte. Der hintere Rand des Kiemendeckels endet in einem Dorn. Die Rückenflosse ist durch einen tiefen Einschnitt geteilt. Die vordere Rückenflosse ist niedriger als die hintere. Färbung: Rücken dunkelbraun bis olivgrün und dunkel marmoriert, Flanken messingfarben mit metallischem Glanz, Bauch weiß. Unregelmäßige dunkle Flecken bilden ein unvollständiges Längsband. Flossen: D X/13-14, A III/11-12, P I/13-14, V I/6-7. Länge: 40-60 cm (in Nordamerika bis 90 cm).

Verbreitung: Heimat Nordamerika. In Europa seit dem letzten Jahrhundert ausgesetzt und in einigen Seen (z. B. Wörther See) eingebürgert.

Lebensweise: Forellenbarsche leben in Flüssen (Barben- und Bleiregion) und Seen. Jungfische treten in Schwärmen auf und bevorzugen die Uferregion. Sie ernähren sich von Insektenlarven und Kleinkrebsen. Ältere Exemplare sind Einzelgänger, die an tiefen Stellen mit Versteckmöglichkeiten Fische jagen. In der Laichzeit (März-Juli) schlägt das Männchen an seichten Stellen eine Grube (bis 1 m ⌀), in die das Weibchen bis zu 4000 Eier legt. Beide Elternteile betreiben Brutpflege. Die Larven schlüpfen nach 1-2 Wochen.

Sonstiges: Beliebter Angel- und Speisefisch.

Groppe, Koppe, Westgroppe

Cottus gobio LINNÉ 1758 Cottidae, Groppen

Merkmale: Der Körper ist keulenförmig und schuppenlos. Die Augen liegen hoch auf dem großen, abgeflachten Kopf. Die breite Mundspalte steht endständig. Der freie Rand der Kiemendeckel endet in einem spitzen Dorn. Die vordere der zwei voneinander getrennten Rückenflossen ist kürzer und stachelstrahlig. Die Bauchflossen liegen bruststständig unter den relativ großen Brustflossen. Flossen: D1 V-IX/0, D2 13-19, A 10-15, P 12-16, V I/4. Mit Ausnahme der weißlichen Bauchflossen sind die Flossen braun gefleckt. Färbung: variabel, Rücken und Flanken sind braun bis grau mit dunkler Marmorierung; der Bauch ist weißlich. Eine Schwimmblase fehlt. Länge: 10-18 cm.

Verbreitung: Vom Norden der Iberischen Halbinsel über West-, Mittel- und Osteuropa bis Sibirien. In England und Südskandinavien. In Mitteleuropa gab es früher auch die Ostgroppe oder Buntflossengroppe (*Cottus poecilopars* HEKKEL). Ihre Bestände sind aber im deutschsprachigen Raum erloschen.

Lebensweise: Die Groppe lebt dämmerungs- und nachtaktiv am Grund klarer, sauerstoffreicher Fließgewässer und Seen (Uferregion) mit sandigem oder kiesigem Grund. Sie ist ein typischer Begleitfisch der Forellenregion. In der Ostsee kommt sie auch im Brackwasser vor. Tagsüber hält sie sich meistens unter Steinen oder Wurzeln verborgen. Aufgeschreckt, „robbt" sie nur kurze Strecken mit den kräftigen Brustflossen über den Boden. Sie ernährt sich von Bachflohkrebsen und Insektenlarven, gelegentlich auch von Fischlaich und -brut. Fortpflanzung: Das Männchen bereitet in der Laichzeit (je nach Gebiet von Februar bis Mai) zwischen oder unter Steinen eine Grube vor, in die das Weibchen bis zu 1000 rötlich-gelbe Eier legt (2-2,5 mm $\varnothing$). Das klumpenförmige Gelege wird vom Männchen bewacht und befächelt. Die Brut schlüpft nach 4-6 Wochen und ernährt sich zunächst vom Dottervorrat. Bei entsprechendem Nahrungsangebot wachsen die Jungfische schnell heran und werden nach zwei Sommern geschlechtsreif.

Sonstiges: Groppen reagieren sehr sensibel auf Beeinträchtigungen der Wassergüte und gewässerbauliche Maßnahmen. In größeren Flüssen sind die Bestände meistens erloschen. Die in die Oberläufe zurückgedrängten Teilpopulationen leben oft voneinander isoliert, da selbst kleine Sohlschwellen für Groppen ein unüberwindbares Hindernis darstellen.

Fluß-Grundel

Neogobius fluviatilis (PALLAS) 1811 Gobiidae, Grundeln

Merkmale: Die Fluß-Grundel hat einen gestreckten Körper mit leicht abgeflachtem Kopf. Das Maul ist endständig. Die hintere der beiden voneinander getrennten Rückenflossen verjüngt sich zum Schwanz hin. Die Bauchflossen sind zu einem Saugorgan umgebildet. Färbung: Rücken und Flanken dunkelgrau bis braun mit unregelmäßigen, dunklen Flecken und Binden, Bauch weißlich, unpaare Flossen mit hellem Saum. Männchen sind zur Laichzeit schwarz. Flossen: D1 VI, D2 I/15, A I/13-16. Länge: 15-18 cm, selten bis 20 cm.

Verbreitung: An der Küste und in den Zuflüssen des Schwarzen, Asowschen und Kaspischen Meeres. Insgesamt 22 schwer zu unterscheidende Arten leben im Verbreitungsgebiet.

Lebensweise: Bodenorientierte Art, die den Mündungsbereich der Flüsse bewohnt. Von dort wandert sie bis in den Mittellauf. Die Nahrung besteht vor allem aus Kleinkrebsen. Fortpflanzung: Die Laichzeit liegt zwischen Mai und Juli. Die Männchen bauen an seichten Stellen Nester und bewachen sowohl den Laich als auch die Brut. Die Geschlechtsreife tritt nach dem 2. Lebensjahr ein.

Marmorierte Grundel

Proterorhinus marmoratus (PALLAS) 1811 Gobiidae, Grundeln

Merkmale: Die Marmorierte Grundel hat einen gedrungenen, keulenförmigen Körper mit relativ hohem Kopf und zwei voneinander getrennten Rückenflossen. Die Bauchflossen bilden eine Saugscheibe. Die enge Mundspalte ist endständig. Die Nasenöffnungen sind zu einer bartelähnlichen, 1-2 mm langen Röhre ausgezogen. Färbung: braun, gelb oder grau mit dunkler Marmorierung. Das Männchen ist zur Laichzeit schwarz. Flossen: D1 VI-VII, D2 I/14-18, A I/11-16. Länge: bis 12 cm.

Verbreitung: Im Einzugsgebiet des Schwarzen, Asowschen und Kaspischen Meeres. In der Donau bis zur Marchmündung und im Neusiedlersee.

Lebensweise: Die Marmorierte Grundel kommt im Salzwasser der Küstenregion, im Brackwasserbereich der Flußmündungen, in Flüssen (bis zum Mittellauf) und in Süßwasserseen vor. Sie ist eine bodenorientierte Art, die pflanzenreiche Uferstellen bevorzugt. Über ihre Ernährung und Fortpflanzung ist kaum etwas bekannt.

Strandgrundel, Grundel, Strandkühling

Pomatoschistus microps (KRÖYER) 1840 Gobiidae, Grundeln

Merkmale: Der keulenförmige Körper ist vom Kopf bis zum Ansatz der 1. Rückenflosse und in der Kehlregion bis zum Ansatz der Bauchflossen unbeschuppt. Die Bauchflossen sind miteinander verwachsen und bilden ein Saugorgan. Färbung: Rücken und Flanken braun, gelb oder grau mit dunkler Marmorierung; entlang der Seitenlinie unregelmäßige dunkle Flecken, Bauch gelblich bis weiß. Flossen: D1 V-VII, D2 I/8-10, A I/7-10. Länge: 4-5, selten bis 7 cm.

Verbreitung: Europäische Meeresküste und Flußmündungen.

Lebensweise: Gesellige Art, die bodenorientiert an flachen, sandigen Küsten (Strand, Wattenmeer) und in Flußmündungen lebt. Die Nahrung besteht aus wirbellosen Bodentieren (Kleinkrebse und Würmer) und kleinen Fischen. Fortpflanzung: Die Männchen sind in der Laichzeit revierbildend (April-August). Das Weibchen legt 100-400 Eier (1 mm ⌀) an die Innenwand einer leeren Muschelschale (z. B. Sandklaffmuschel). Das Männchen bewacht und befächelt das Gelege. Nach dem Schlüpfen leben die Larven bis zum Herbst und einer Länge von 12 mm pelagisch. Die Geschlechtsreife tritt schon nach einem Jahr ein.

Süßwasser-Schleimfisch, Fluß-Schleimfisch

Blennius fluviatilis Asso 1801 Blenniidae, Schleimfische

Merkmale: Der langgestreckte, seitlich zusammengedrückte Körper verjüngt sich vom Hinterrand der Kiemen bis zum Schwanz. Die Haut ist schuppenlos und schleimig. Über den Augen befinden sich kurze verzweigte Tentakel. Die Männchen bilden in der Laichzeit einen Kamm auf dem Kopf. Der Körper ist verwaschen grau bis braun gefärbt. Die Bauchflossen stehen kehlständig. Die Rückenflosse reicht vom Ansatz der Brustflossen bis zum Hinterrand der Afterflosse. Flossen: D XII/17-18, A II/16-18. Länge: 10-12 cm, selten bis 15 cm.

Verbreitung: Küsten und Flußmündungen im westlichen und nordöstlichen Teil des Mittelmeeres, sowie Seen (z. B. Gardasee) und langsam fließende Gewässer von Spanien bis Vorderasien, in Marokko und Algerien.

Lebensweise: Einzige Schleimfischart Europas, die auch im Süßwasser vorkommt. Die neugierigen Tiere leben revierbildend in der Uferregion und ernähren sich von Insektenlarven, Kleinkrebsen, Würmern und kleinen Fischen. Fortpflanzung: Die Männchen kämpfen in der Laichzeit (Mai-August) um geeignete Höhlungen (leere Muschelschalen, unter Steinen) und fordern die Weibchen durch Kopfnicken auf, die Eier rückwärtsschwimmend an der Höhlendecke festzukleben. Die Eier werden bis zum Schlüpfen der Larven (bei 20 °C nach 14 Tagen) bewacht und mit Frischwasser befächelt.

Flunder, Graubutt, Rauhbutt

Platichthys flesus (LINNÉ) 1758 Pleuronectidae, Plattfische

Merkmale: Der ovale, asymmetrische Körper ist seitlich stark abgeflacht. Beide Augen befinden sich auf einer dunkel pigmentierten Körperseite (bei ca. 70% auf der rechten Hälfte). Die relativ kleine Mundspalte reicht nicht bis unter das Auge. Durch die dornigen Hautwarzen entlang der Seitenlinie und am Ansatz der Rücken- und Afterflosse erscheint die Körperoberfläche rauh. Färbung: Je nach Untergrund und Stimmung variabel. Flossen: D 49-71, A 33-48, P 7-13. Länge: 20-30 cm, selten bis 50 cm.

Verbreitung: An den Küsten Europas und den dort mündenden Flüssen.

Lebensweise: Gesellige Art, die bodenorientiert im Salzwasser der Küste (bis 25 m Tiefe) und im Brackwasser der Flußmündungen lebt und im Sommer bis in den Mittellauf der Flüsse zieht (z. B. früher bis Berlin). Tagsüber liegen Flundern vergraben im Sand; nachts suchen sie am Grund nach Borstenwürmern, Krebsen, dünnschaligen Muscheln, Schnecken, Insektenlarven und kleinen Fischen. Fortpflanzung: Das Ablaichen erfolgt von Januar bis April im Meer. Die Weibchen legen in einer Tiefe von 20-100 m 400 000 bis 2 000 000 Eier (1 mm $\varnothing$). Die Eier und die nach 5-10 Tagen schlüpfenden Larven treiben zunächst pelagisch im Wasser. Die anfänglich symmetrisch gebauten Jungfische wandeln sich bei einer Länge von 1 cm zum Plattfisch um und gehen zur bodenorientierten Lebensweise über. Männchen werden nach 3, Weibchen nach 4 Jahren geschlechtsreif.

Sonstiges: Die Bestände dieser wirtschaftlich genutzten Art sind rückläufig.

Rechts oben und unten: Die Flunder liegt mit ihrem asymmetrisch abgeflachten Körper überwiegend auf der rechten Seite. Sie ist an den Warzen entlang der Seitenlinie und dem nicht bis unter das Auge reichenden Maul zu erkennen.

195

Literatur

ARNOLD, A. (1990): Eingebürgerte Fischarten. Ziemsen Verlag, Wittenberg Lutherstadt.

BARTHELMES, D. (1981): Hydrobiologische Grundlagen der Binnenfischerei. VEB Gustav Fischer Verlag, Jena.

BARTHELMES, D. (1991): Schwere Fraßschäden durch Bisamratten (*Ondatra zibethica* L.) als Ursache für den Gelegerückgang in mitteleuropäischen Seen. Arch. Nat.schutz Landsch.forsch., Berlin 31, 3-18.

BAUCH, G. (1966): Die einheimischen Süßwasserfische. 5. Neub. Aufl., Verlag J. Neudamm-Neudamm, Melsungen.

BERG, L. S. (1958): System der rezenten und fossilen Fischartigen und Fische. VEB Deutscher Verlag der Wissenschaften, Berlin.

BLAB, J., E. NOWACK, W. TRAUTMANN & H. SUKOPP (1984): Rote Liste der gefährdeten Tiere und Pflanzen in der Bundesrepublik Deutschland. Naturschutz Aktuell Nr.1, Kilda-Verlag, Greven.

BLESS, R. (1978): Bestandsänderungen der Fischfauna in der Bundesrepublik Deutschland. Kilda-Verlag, Greven.

BONE, Q. & N. B. MARSHALL (1985): Biologie der Fische. Gustav Fischer Verlag, Stuttgart.

Bundesartenschutzverordnung: Verordnung zum Schutz wildlebender Tier- und Pflanzenarten. (BArtSchV. v. 19.12.1986 – Der Bundesminister für Umwelt, Naturschutz und Reaktorsicherheit, Bonn.).

HERIG-STRASCHIL, B. (1992): Rote Liste der gefährdeten Fische und Rundmäuler Österreichs. In: Rote Listen der gefährdeten Tiere Österreichs (im Druck).

KIRCHHOFER, A., B. ZAUGG & J.-C. PEDROLI (1990): Rote Liste der Fische und Rundmäuler der Schweiz. Documenta Faunistica Helvetiae.

KRAUS, M. (1992): Röhrichtrückgang an der Berliner Havel – Ursachen, Gegenmaßnahmen und Sanierungserfolg. In: Natur und Landschaft 67 Nr. 6, 287-296.

LADIGES, W. & W. VOGT (1979): Die Süßwasserfische Europas. 2. neubearb. Aufl., Verlag Paul Parey, Hamburg und Berlin.

MAITLAND, S. (1977): Der Kosmos-Fischführer. Die Süßwasserfische Europas. Frankh'sche Verlagshandlung, Stuttgart.

MACARTHUR, R. H. & E. O. WILSON (1967): Theory of Island Biogeography. Princeton University press, Princeton.

MÜLLER, H. (1987): Fische Europas, 2. Aufl., Neumann Verlag, Leipzig Radebeul.

MUUS, B. J. & P. DAHLSTRÖM (1981): Süßwasserfische. BLV Bestimmungsbuch 4, 5. Aufl., BLV Verlagsgesellschaft mbH, München.

Paepke, H. J. (1983): Die Stichlinge. 5. Aufl., Ziemsen-Verlag, Wittenmberg Lutherstadt.

Schmid, G. W., M. Migliarina & G. Feldhaus (1991): Zur Verbreitung einheimischer Fische durch die Luft. Fischökologie Aktuell, Heft 5.

Schindler, O. (1957): Unsere Süßwasserfische. Frankh'sche Verlagshandlung, Stuttgart.

Schmidtke, D. (1983): Das Heimataquarium. Franckh'sche Verlagshandlung, Stuttart.

Terofal, F. (1978): Fische. BLV-Verlagsgesellschaft, München.

Terofal, F. (1984): Süßwasserfische in europäischen Gewässern. Mosaik Verlag, München.

Tönsmeier, D. (1989): Einheimische Fische im Aquarium. Verlag Eugen Ulmer, Stuttgart.

Vilcinskas, A. (1991): Rote Liste der gefährdeten Fische und Rundmäuler (Osteichthyes et Cyclostomata) von Berlin (West) 1990. In: Auhagen, A., R. Platen & H. Sukopp (Hrsg.) (1991): Rote Listen der gefährdeten Pflanzen und Tiere in Berlin. Landschaftsentwicklung und Umweltforschung S 6, 157-167.

Vilcinskas, A. (1993): Fische in Berlin. Fischereiamt Berlin (Hrsg.).

Bildnachweis

Bayerische Landesanstalt für Fischerei: S. 123

Dr. M. Zacharda: S. 90, S. 91, S. 106, S. 113, S. 132, S. 140, S. 156 o., S. 187

Alle anderen Photos vom Autor.

Danksagung

Dieses Buch ist in der Hoffnung geschrieben worden, die Biologie und die Artenvielfalt der einheimischen Fische in leicht verständlicher Form einem breiten Leserkreis zu erschließen und dadurch für ihre Erhaltung und ihren Schutz zu werben.

An dieser Stelle möchte ich mich bei den Personen bedanken, die durch ihre Hilfe und ihr Engagement wesentlich zum Entstehen dieses Buches beigetragen haben. Herrn Dr. Jürgen Lange (Leiter des Aquariums in Berlin) und Herrn Dr. Ulrich Grosch (Leiter des Fischereiamtes in Berlin) danke ich für ihre großzügige Unterstützung und ihre ermutigenden Anregungen. Herrn Dr. Hans-Joachim Paepke (Leiter der Fischabteilung im Naturkundemuseum in Berlin) und Herrn Dipl.-Fisch.-Ing. Christian Wolter (Institut für Gewässerökologie und Binnenfischerei) bin ich für die kritische Durchsicht des Manuskriptes dankbar. Weiterhin möchte ich Frau Gabriele Lauermann, Lektorin des Naturbuch Verlags, für ihre geduldige Überarbeitung des Manuskriptes und ihre vielfältigen Ratschläge herzlich danken. Dank schulde ich auch Herrn Dipl.-Biol. Thomas Geißler (Berlin) und Herrn Dipl.-Biol. Rudolf Möschke (Hamburg) für ihre Hilfe bei der Beschaffung seltener Fischarten.

Und nicht zuletzt danke ich meiner Freundin Angie für ihre Nachsicht bei den zeitaufwendigen Arbeiten während der Entstehung des Buches.

Andreas Vilanskas, Berlin im Sommer 1992

Artenregister

Seitenzahlen mit Sternchen verweisen auf Abbildungen. Halbfett gesetzte Zahlen auf die jeweils wichtigste Textstelle, normal gesetzte auf weitere relevante Textpassagen.

Sachregister

Seitenzahlen mit Sternchen verweisen auf Abbildungen. Halbfett gesetzte Zahlen auf die jeweils wichtigsten Textstellen, normal gesetzte auf weitere relevante Textpassagen.